1 MONTH OF
FREE
READING

at
www.ForgottenBooks.com

By purchasing this book you are eligible for one month membership to ForgottenBooks.com, giving you unlimited access to our entire collection of over 1,000,000 titles via our web site and mobile apps.

To claim your free month visit:
www.forgottenbooks.com/free524671

ISBN 978-0-666-05902-4
PIBN 10524671

•••••••••• Band 39 •••••••••••••••••••••

Im Kampf
um das Weltsystem
(Kopernikus und Galilei)

Von

Adolf Kistner

Preis dieses Bandes 80 Pfennig
96 Heller, 1 Fr. 10 Centimes, 48 Kopeken

❋ Voigtländers Quellenbücher ❋

Eine Sammlung wohlfeiler, wissenschaftlich genauer Aus=
gaben literarischer und bildlicher Quellen für jedermann.
Zur Vertiefung jedes Studiums, zur Befriedigung des persön=
lichen Wissenstriebes und zur gediegenen Unterhaltung.

Die Sammlung wendet sich an jeden, der an die wah=
ren Quellen unseres Wissens herantreten will, sei es in ernstem
Studium, sei es zur belebenden Vertiefung seiner Kennt=
nisse, sei es aus Freude an gediegener und doch spannender
Leseunterhaltung.

Die ausgewählten Quellen sind teils Neudrucke urkund=
licher oder literarischer Quellenwerke, teils bildliche Urkun=
den mit begleitendem Text, teils quellenmäßige Darstellun=
gen erster Hand. Sie bringen aus den verschiedensten Ge=
bieten des Wissens für die Entwicklung das Wesentliche und
Entscheidende.

Alle Bände der Sammlung werden von Fachmännern
nach dem Stand der jüngsten Forschungen ausgewählt und
bearbeitet. Sie sollen sowohl den Sachkenner befriedigen,
als auch von jedermann, ohne besondere Vorkenntnisse, mit
Verständnis und Genuß aufgenommen werden können.

Der Preis des Bändchens, seit kartoniert, beträgt in der
Regel weniger als 1 Mark.

❊ Voigtländers Quellenbücher ❊

Bis Februar 1913 erschienen:

1 Die ersten deutschen Eisenbahnen Nürnberg—Fürth und Leipzig—Dresden. Herausgegeben von Friedrich Schulze. 64 Seiten mit 19 Abbildungen .... M. —.60
72 hell.
80 cts.
36 kop.

Friedrich Lists treibende Artikel und Aufrufe, Goethe und Friedrich Harkort über wirtschaftliche und militärische Bedeutung der Eisenbahnen, Gegner und Zweifler, Bauweise, Geldbeschaffung, Baugeschichte und Eröffnung. Wichtiges, zum Teil noch unveröffentlichtes Material, auch in den Abbildungen.

2 Brandenburg=Preußen auf der Westküste von Afrika 1681 bis 1721. Verfaßt vom Großen Generalstabe, Abteilung für Kriegsgeschichte. 98 S. mit 2 Kärtchen und einer Skizze. M. —.80
96 hell.
110 cts.
48 kop.

Der Band ist der Wiederabdruck einer vom Großen Generalstab 1885 nach den Urkunden des Kgl. Geheimen Staatsarchivs in Berlin bearbeiteten Schrift. Sie enthält eingehend und anschaulich die Geschichte der Kolonie und Festung Groß=Friedrichsburg und des Kastells Arguin, der ersten deutschen Kolonien.

3 Cornelius Celsus über die Grundfragen der Medizin. Herausgegeben von Dr. med. et jur. Th. Meyer=Steineg, Professor an der Universität Jena. 82 Seiten .... M. —.70
84 hell.
95 cts.
42 kop.

Im alten Rom gab es neben den zahlreichen Berufsärzten, den Heilsklaven, auch zahlreiche gebildete Laien, in deren enzyklopädischem Gesamtwissen die Medizin einen großen Raum einnahm. Zu diesen gehörte Cornelius Celsus. Seine Schrift: „De medicina" gewährt einen deutlichen und lebendigen Einblick in den Stand der Medizin um die Mitte des ersten Jahrhunderts n. Chr. und bietet uns, namentlich in den beiden ersten hier dargebotenen Büchern, eine der klarsten Quellen des Wissens zu den Grundfragen der Heilkunde.

4 Ausgewählte Briefe des Feldmarschalls Lebrecht von Blücher. Herausgegeben von Friedrich Schulze. 80 Seiten mit Bildnis .... M. —.60
72 hell.
80 cts.
36 kop.

Das Bändchen bringt Briefe aus dem ganzen Leben des Marschalls, alle in ihrer urwüchsigen Schreibweise, als wertvolle Urkunden zur Charakteristik des großen Mannes und seiner Zeit. Die erste authentische Sammlung dieser Art

5 Die Kämpfe mit Hendrik Witboi 1894 und Witbois Ende. Von Theodor Leutwein, Generalmajor und Gouverneur a. D. 69 Seiten mit einem Bildnis und zwei Karten. M. —.60
72 hell.
80 cts.
36 kop.

Der Verfasser, damals Major, hat bekanntlich 1894 die Hottentotten unter dem alten Witboi in Südwestafrika in unendlich schwierigen Kämpfen bekriegt und zu einer Freundschaft gewonnen, die bis 1904 angehalten hat. Witboi ist der Heros des Hottentottenvolkes geworden. Das Werkchen ist ein von dem Verfasser bearbeiteter Auszug aus seinem großen Werke „Elf Jahre Gouverneur in Deutsch=Südwestafrika".

6 Die Belagerung, Eroberung und Zerstörung der Stadt Magdeburg am 10./20. Mai 1631. Von Otto von Guericke. Nach der Ausgabe von Friedrich Wilhelm Hoffmann neu herausgegeben von Horst Kohl. 83 Seiten. Mit einer Ansicht der Belagerung nach einem alten Stiche und einem Plan. M. —.70
84 hell.
95 cts.
42 kop.

Otto von Guericke, der bekannte Erfinder der Luftpumpe, war während der Belagerung 1631 Ratmann und Bauherr, später Bürgermeister von Magdeburg. Seine Schilderung ist „der rechte, wahre Verlauf mit der Eroberung dieser guten Stadt Magdeburg, welchen sich niemand, da anders die Wahrheit soll berichtet werden, kann lassen zuwider sein".

Umrechnung der Mark=Preise in die im österr.=ungar., schweizer. und deutsch=russ. Buchhandel üblichen Sätze am Rande. In England u. Kolonien 1 Mark = 1 Schilling mit ortsübl. Zuschlägen.

❋ Voigtländers Quellenbücher ❋

84 hell.
95 cts.
42 kop.

7 Die Straßenkämpfe in Berlin am 18. u. 19. März 1848. Verfaßt von Hubert von Meyerinck, Generalleutnant z.D. Neu herausgegeben von Horst Kohl. 91 Seiten mit 3 Plänen M. —.70

Die klassische Schilderung der beiden denkwürdigen Tage. Zwei Fragen, die Gegenstand vielen und leidenschaftlichen Streites gewesen sind, werden endgültig entschieden: Wer die beiden Schüsse abgegeben hat, die das Signal zu dem Beginn des Kampfes waren, und wie der Befehl zum Abzug der Truppen zustandekam.

1 Kr. 56 hell.
1 fr. 75 cts.
78 kop.

8 Deutsche Hausmöbel bis zum Anfang des 19. Jahrhunderts. Herausg. von Dr. Otto Pelka, Direktorialassistent am Kunstgewerbe-Museum, Dozent an der Handels-Hochschule, Leipzig. 112 Seiten mit 139 Abbildungen .... M. 1.30

In 139 Abbildungen wird eine Übersicht über die Entwickelung des deutschen Hausmöbels gegeben: Gotik, Renaissance, Rokoko, Barock, Biedermeierzeit usw. Es ist eines der Bändchen, in denen die Bilder die Quelle sind, durch den Text des Herausgebers erläutert und verbunden.

84 hell.
95 cts.
42 kop.

9 Deutschlands Einigungskriege 1864—1871 in Briefen und Berichten der führenden Männer. Herausgegeben von Horst Kohl. Band 1: Der deutsch-dänische Krieg 1864. 82 Seiten M. —.70

So viel auch über die deutschen Einigungskriege geschrieben und gedruckt ist, fehlt es doch gänzlich an einer ganz kurzen und doch das Wesentliche erschöpfenden urkundlichen Geschichte. Welche Urkunden aber wären anschaulicher und lebendiger als die intimen Briefe und Berichte der führenden Männer, in diesem Bändchen von König Wilhelm, Bismarck, Moltke, König Johann von Sachsen usw.

1 Kr. 20 hell.
1 fr. 35 cts.
60 kop.

10 Deutschlands Einigungskriege 1864—1871 in Briefen und Berichten der führenden Männer. Herausgegeben von Horst Kohl. Band 2: Der deutsche Krieg 1866. 144 Seiten ... M. 1.—

Wie im vorigen Band verbindet der Herausgeber durch ein knappe Einleitung die Urkunden zu einer Einheit. Die Briefe und Berichte sind von König Wilhelm, Bismarck (darunter das Kapitel „Nikolsburg" der Gedanken und Erinnerungen), Moltke (darunter der Aufsatz „Über den angeblichen Kriegsrat in den Kriegen König Wilhelms I."), Roon, dem Kronprinzen, dem Prinzen Friedrich Karl.

Dritter Teil siehe Nr. 16.

84 hell.
95 cts.
42 kop.

11 Geographie des Erdkreises. Von Pomponius Mela. Aus dem Lateinischen übersetzt u. erläutert v. Dr. Hans Philipp, Assistent des Seminars für historische Geographie in Berlin. Erster Teil: Mittelmeerländer. 91 Seit. mit 1 Karte und 2 Abbild. M. —.70

In Melas Geographie des Erdkreises (um 42 n. Chr.) lernen wir die gesamten Probleme der Erdkunde kennen, die damals bestanden (Nilfrage, Istergabelung, Wundervölker des Ostens, Zonentheorie usw.); wir erhalten auch eine Vorstellung von einer antiken Karte.

1 Kr. 08 hell.
1 fr. 20 cts.
54 kop.

12 Robert Mayer über die Erhaltung der Kraft. Vier Abhandlungen, neu herausgegeben und mit einer Einleitung sowie Erläuterungen versehen von Dr. Albert Neuburger. 128 Seiten............................. M. —.90

Der Arzt Robert Mayer in Heilbronn (1814—78) hat durch die Entdeckung des Gesetzes von der Erhaltung der Kraft die verschiedensten Zweige menschlicher Tätigkeit auf neue Grundlagen gestellt. Physik u. Physiologie, Medizin u. Botanik, gewerbl. u. technische Tätigkeit werden gleichmäßig durch die aus diesem Gesetz gezogenen Folgerungen beeinflußt. Die Veröffentlichungen des Entdeckers sind aber in weiteren Kreisen überhaupt nicht bekannt geworden. Darum werden die vier grundlegenden Abhandlungen, wenn auch zum Teil gekürzt, hier ihrer Verborgenheit entzogen.

☛ Fortsetzung am Schlusse des Buches. ☚

✻ Voigtländers Quellenbücher ✻
•••••••••••••••••••••••••••• Band 39 ••••••••••••••••••••••••••••

Im Kampf
um das Weltsystem
(Kopernikus und Galilei)

Von

Adolf Kistner
Großh. Professor am Großh.
Gymnasium Wertheim a. M.

Mit 3 Abbildungen

∞ R·Voigtländers Verlag in Leipzig ∞

Altenburg
Pierersche Hofbuchdruckerei Stephan Geibel & Co. 2065.

Vorwort.

Die Auswahl der Stücke aus den Werken von Ptolemäus, Kopernikus und Kepler erfolgte unter grund-
sätzlicher Ausschaltung von mathematischen Betrachtungen
und dergleichen. Besondere astronomische Kenntnisse sind
nicht vorausgesetzt; die etwa erforderlichen Erläuterungen
sind in den Fußnoten und Anmerkungen untergebracht,
welche auch die geschichtlichen Ergänzungen enthalten.
Weitere Einzelheiten über Galilei, Kepler usw. findet der
Leser in meiner „Geschichte der Physik" (zwei Bände der
Sammlung Göschen).

Die mitgeteilten Stücke sind meist neu übersetzt und
zwar nach den allgemeinen Richtlinien der „Quellenbücher".

Für die Schreibweise der Eigennamen war „Duden"
maßgebend, der sich hierbei gelegentlich von der geschichtlichen Wahrheit entfernt.

Wertheim a. M., Juli 1912.

A. Kistner.

Inhalt.

5

I. Einleitung.

Verfolgt man den Werdegang der Astronomie bis in das Dunkel sagenhafter Vorzeit zurück, so offenbart sich immer deutlicher die enge Verknüpfung von Sternkunde und Religion, die sich unter einfachen Verhältnissen gegenseitig geradezu bedingen. Der Priester, der den Willen der mächtigen Götter verkündet und ihnen die Wünsche der Menschen übermittelt, ist sicherlich lange Zeit der erste Astronom gewesen. Ihm offenbarte sich das Walten der höheren Mächte in der Regelmäßigkeit der himmlischen Erscheinungen, die er erforschte, um der Gottheit Willen zu ergründen und zu ihrer Verherrlichung Zeiten für die Festtage zu ermitteln. Der Kalender, der sich aus solchen Beobachtungen und einfachen Berechnungen ergab, kam zugleich rein praktischen Zwecken zugute, wie denn auch Handel und Verkehr, vor allem zu Wasser, Nutzen aus dem Studium der Himmelserscheinungen zogen und schließlich die Veranlassung zu gesonderten und oft auch genaueren Beobachtungen wurden.

Die klare reine Luft, wie sie den Ländern um das Mittelmeer eigen ist, mag eine der Hauptursachen sein, daß gerade in diesen Gegenden das Nachdenken über die Pracht des gestirnten Himmels verhältnismäßig rascher zu einer wissenschaftlichen Erkenntnis des Weltganzen drängte, als anderswo.

Die ersten Entwicklungsstufen kosmischer Anschauungen weisen als gemeinsames Merkmal die Annahme einer scheibenförmigen Erde auf, über der sich der Himmel bei Tag und Nacht wie eine Kuppel wölbt. Noch bei den alten ionischen Naturphilosophen erhielt sich diese Vorstellung nahezu ungeändert, entsprach sie doch in weitgehendem Maße dem kaum zu bezweifelnden Augenschein. Den Bewohnern der Meeresküste und den Schiffahrt treibenden Völkern konnte es allerdings auf die Dauer nicht verborgen bleiben, daß die weite, kreisförmig begrenzte Meeresfläche eine Wölbung nach jeder Richtung hin besitzt, wie man sie übrigens auch für das Land beim Ausblick von hohen Bergen bemerkte. Pythagoras, dem die Kugel wegen ihres all= seitig symmetrischen Baues als der vollkommenste geo= metrische Körper erschien, stützte derartige Beobachtungen einer allseitigen Erdkrümmung durch die Annahme einer kugelförmigen Erde, ohne jedoch dafür eigentliche Beweise erbringen zu können, wie dies A r i s t o t e l e s (384—322 v. Chr.) wenigstens versuchte.

Wie der Mensch nur zu gern all seine Wahrnehmungen auf das eigene Vorstellungsleben als Mittelpunkt bezieht, so drängte ihn auch das Nachdenken über die Veränderungen am Himmelszelt zu der naheliegenden Meinung, die Erde stehe im Mittelpunkt des Weltalls, sie sei geradezu dieser Mittelpunkt, um den sich die Bewegung der Himmelskörper vollziehe. Die Unveränderlichkeit der Fixsterngruppen, der Sternbilder, schuf die Vorstellung, das unermeßliche Sternen= heer sei gleichsam an einer großen Kugel („Sphäre") be= festigt, der eine andauernde gleichmäßige Drehung um die Erde in 24 Stunden zukomme. Gewisse Gestirne, die so= genannten „Planeten", nämlich Sonne, Mond, Merkur, Venus, Mars, Jupiter und Saturn, die durch ihre Hellig= keit oder Farbe besonders auffielen, zeigten Veränderungen ihrer Stellungen zu den Sternbildern, konnten infolgedessen nicht als zur Fixsternsphäre gehörig angesehen werden. E u d o x u s , ein Zeitgenosse des P l a t o , vertrat daher die Auffassung, den Planeten seien besondere konzen= trische *) Sphären eigen. Mit ihrer gegenseitigen Be= wegung suchte er den verwickelten Bahnen der Wandel= sterne gerecht zu werden, was jedoch nur möglich war, solange es sich nicht um genaue Vorausberechnungen und der= gleichen handelte. Für die mannigfachen in den Bewegungen der Himmelskörper sich zeigenden Unregelmäßigkeiten, die dem aufmerksamen Beobachter nicht entgehen konnten, gab H i p p a r c h um die Mitte des zweiten Jahrhunderts vor Christi Geburt eine Erklärung durch exzentrische **) An=

---

*) konzentrisch = mit demselben Mittelpunkt.
**) exzentrisch = mit einem anderen Mittelpunkt.

8

ordnungen der Sphären, erzielte aber eigentlich nur für Sonne und Mond, die der Messung besonders leicht zugänglich sind, einigermaßen befriedigende Ergebnisse.

In der Mitte des zweiten nachchristlichen Jahrhunderts schrieb der Alexandriner C l a u d i u s   P t o l e m ä u s seine „Große Zusammenstellung der Astronomie" und legte mit diesem Buche, das von den Arabern unter dem auch heute noch üblichen Namen „Almagest" weit verbreitet wurde, den Grund zu einer Lehre, die fast anderthalb Jahrtausende überdauerte, dann aber der siegreich vordringenden Wahrheit gegenüber nicht standhalten konnte. Stellen wir heute noch dem heliozentrischen*) System des Kopernikus das geozentrische**) gegenüber, so denken wir dabei nicht an ein beliebiges der Systeme, die die Erde im Weltmittelpunkte annehmen (wie z. B. dasjenige nach T y ch o), sondern ausschließlich an das von Ptolemäus im Almagest niedergelegte.

Mit dem Almagest fand das Werk des H i p p a r ch zunächst seinen Abschluß. Die exzentrischen Kreise bzw. Sphären wurden beibehalten, doch ergänzte sie P t o l e = m ä u s , da sie allein zur befriedigenden Erklärung der scheinbaren Planetenbahnen nicht ausreichten, durch Epi= zykeln***), deren Wesen wir uns an einem einfachen Beispiel klar machen können. Wir denken uns einen Punkt am Umfang eines Kreisels irgendwie bezeichnet, etwa durch ein aufgeklebtes Papierstückchen. Dreht sich nun der Kreisel stets auf der gleichen Stelle, so beschreibt der markierte Punkt einen Kreis. Führt man den Kreisel während seiner Drehung in einem Kreise auf dem Boden herum, so beschreibt nunmehr der Punkt eine verschlungene Linie, die nach P t o l e m ä u s ein Abbild der Planetenbewegung liefert, wenn man den Kreis auf dem Boden, den sogenannten Deferenten†), und den Kreis, den das Papierstückchen um die Kreiselachse beschreibt, den sogenannten Epizykel, in geeigneten Größenverhältnissen wählt und die

---

*) heliozentrisch = die Sonne in den Mittelpunkt setzend.
**) geozentrisch = die Erde in den Mittelpunkt setzend.
***) „Epizykel" bedeutet etwa: „auf einem Kreis abrollend".
†) Deferent = der forttragende Kreis.

9

Geschwindigkeiten der Bewegungen im Deferenten und Epizykel passend abgleicht. Reichte man mit e i n e m Epizykel nicht aus, so machte man diesen selbst wieder zum Deferenten eines zweiten usw. und konnte durch der= artige Erweiterungen und außerdem noch durch die An= nahme exzentrischer Deferenten den seltsamen Bewegungen der Planeten, die zum Teil gelegentlich sogar rückwärts erfolgen und Schleifenbildungen verursachen, völlig ge= nügen.

Gegen die Kompliziertheit des ptolemäischen Systems, die natürlich immer mehr zunahm, je genauer und zahl= reicher die Messungen und Beobachtungen wurden, er= hoben sich vereinzelt Stimmen, doch fand erst K o p e r n i = k u s den Weg zur Wahrheit, als er die selbstverständliche Annahme der im Weltmittelpunkt ruhenden Erde fallen ließ und die Wissenschaft vom Kosmos durch sein helio= zentrisches System in sichere Bahnen lenkte.

N i k o l a u s K o p e r n i k u s (1473 Thorn — 1543 Frauenburg) hatte nach Vollendung seiner Studien ein Kanonikat am Dom zu Frauenburg erhalten. Neben rein praktischen Arbeiten und dienstlichen Obliegenheiten fand er in dem kleinen Städtchen genügend Muße zu astro= nomischen Studien, die ihn schließlich von der völligen Unhaltbarkeit des ptolemäischen Systems überzeugten. Schon unter den P y t h a g o r ä e r n war die Möglichkeit einer täglichen Achsendrehung der Erde ausgesprochen worden; A r i s t a r c h von Samos hatte sogar eine Um= kreisung der Sonne durch die Erde behauptet, aber erst durch die langjährigen und außergewöhnlich gründlichen Untersuchungen von Kopernikus gestaltete sich das eigent= liche heliozentrische System in lebensfähiger Form. Die Kunde seiner neuen Lehre war längst aus dem stillen Ort am Frischen Haff in die Welt hinausgedrungen, als sich Kopernikus erst zur Veröffentlichung seines Hauptwerkes: „über die Umwälzungen der Himmelskörper" entschloß.

Der lutherische Theolog A n d r e a s H o ß m a n n (genannt O s i a n d e r) in Nürnberg (1498—1552) wurde mit der Herausgabe des Werkes betraut, aus dem er aber leider ohne Einwilligung des Verfassers sehr wichtige Stücke wegließ und zum Teil durch ganz ungeeignete ersetzte,

da er allerlei Widerstände fürchtete, wie sie L u t h e r ,
M e l a n ch t h o n usw. auch tatsächlich leisteten. Nahm
man, wie bisher, die Erde im Weltmittelpunkt an, so war
sie durch diese ganz besondere Stellung vor den andern
Weltkörpern entschieden bevorzugt, sie erschien mit der sie
bewohnenden Menschheit als der eigentliche Endzweck der
göttlichen Schöpfung. Im System des Kopernikus dagegen
nahm die Sonne den bevorzugten Platz des Weltalls ein,
die Erde dagegen erschien nur als ein dem Mars, Jupiter usw.
völlig gleichwertiger Himmelskörper. Man befürchtete daher
in den theologischen Kreisen der beiden christlichen Kon=
fessionen eine empfindliche Beeinträchtigung der Autorität
der Bibel, die doch gerade den E r d bewohnern angepaßt
schien. Man m u ß t e also den Kampf um das Welt=
system mit aller Entschiedenheit aufnehmen. G i o r d a n o
B r u n o (gest. 1600), der auf der Grundlage der koperni=
kanischen Lehre seine naturphilosophischen Ideen ausbaute
und den uralten Glauben an die starre Fixsternsphäre (die
Grenze des „Himmels") gründlich zerstörte, fand am
17. Februar 1600 zu Rom auf dem Scheiterhaufen den
Märtyrertod im Kampfe gegen die scholastische Welt=
anschauung.

An der gleichen Universität (Padua), an der Giordano
Bruno seine Philosophie zuletzt lehrte, wirkte seit 1592 als
Professor der Mathematik der im besten Mannesalter
stehende G a l i l e o G a l i l e i , dem das Hauptverdienst
an der Ausgestaltung und Ausbreitung des heliozentrischen
Systems zukommt. Die scheinbar widerspruchsvolle Lehre
des Kopernikus hatte nämlich auch in den Kreisen der
Astronomen nicht überall bedingungslose Zustimmung ge=
funden, da man, solange die mechanischen Grundbegriffe
noch nicht geklärt waren, besonders die vielgestaltigen
Bewegungsvorgänge auf der Erde nicht mit der ihr zu=
geschriebenen Rotation in Übereinstimmung bringen konnte.
So finden wir T y ch o B r a h e (1546—1601), den Hof=
astronomen Kaiser Rudolfs II. (1576—1612), nicht im
Lager der Kopernikus=Anhänger. Er begründete ein
eigenes, allerdings recht kurzlebiges System, nach dem sich
Mond und Sonne in exzentrischen Kreisbahnen um die
Erde bewegen sollten. Die Sonne selbst sollte von Merkur,

Venus, Mars, Jupiter und Saturn umkreist werden. Tychos begabteſtem und fleißigſtem Schüler, J o h a n n e s K e p = l e r (1571—1630), glückte nach zahlreichen vergeblichen Verſuchen der mathematiſche Beweis für das Syſtem des Kopernikus, indem er in den Jahren 1609 und 1618 die drei Geſetze entdeckte, nach denen ſich die Bewegung der Planeten um die ruhende Sonne vollzieht. Damit waren die räumlichen Verhältniſſe im Weltall zunächſt in ein= ſachen Beziehungen feſtgelegt, wenn auch der innere Zu= ſammenhang noch nicht zu erkennen war.

Gänzlich unabhängig von dieſen mehr mathematiſchen Unterſuchungen gab Galilei etwa zur gleichen Zeit den notwendigen und längſt geforderten Aufſchluß über die phyſikaliſchen Einwände gegen die heliozentriſche Lehre. Bereits als Student der Univerſität Piſa (1583) machte er eine wichtige phyſikaliſche Entdeckung, indem er fand, daß die Schwingungsdauer eines Pendels (in gewiſſen Grenzen!) von ſeiner Schwingungsweite unabhängig iſt. Mit 25 Jahren erhielt er die Profeſſur für Mathematik an der Univerſität in Piſa, war dann von 1592 an in gleicher Stellung in Padua und kehrte 1610 wieder nach Piſa zurück, wo er reichlich Feinde beſaß; hatte er ſich doch ſchon als Student durch ſeine eifrigen Disputationen, die ſich gegen die Lehren der Ariſtoteliker richteten, manchen erbitterten Gegner ge= ſchaffen. Galilei hatte ſich von naturphiloſophiſchen Spekula= tionen und blindem Autoritätsglauben glücklich freigemacht und wagte es, für die Lehre des Kopernikus gegen die kosmologiſche Befangenheit ſeiner Zeitgenoſſen mit kühnem Mut in die Schranken zu treten. Als Waffen dienten ihm die bemerkenswerten Beobachtungen, die er mit ſeinem im Jahre 1609 gebauten Fernrohre in raſcher Folge gemacht hatte, vor allem die oft mit recht lächerlichen Mitteln be= fehdete Entdeckung der Jupiterbegleiter und der mond= ähnlichen Lichtgeſtalten von Venus und Merkur.

Ein Briefwechſel zwiſchen Galilei und ſeinem Schüler C a ſ t e l l i (1613) eröffnete den berühmten Streit Galileis mit den kirchlichen Gewalten. Eine Verfügung der Index= kongregation (1616) ſuchte die Verbreitung der koperni= kaniſchen Lehre zu unterdrücken, da man das Dogma von der zentralen Stellung der ruhenden Erde als einen weſent=

lichen Bestandteil kirchlicher Glaubenssätze ansehen wollte. Man scheute sich, die herrschende Anschauung vom Weltsystem den Tatsachen anzupassen; so sollten sich denn die Tatsachen der Weltanschauung fügen!

Als Galilei im Jahre 1632 mit dem „Dialog über die beiden hauptsächlichsten Weltsysteme, das ptolemäische und das kopernikanische" neugerüstet wieder zur Fortsetzung des Kampfes in die Schranken trat, eröffnete man gegen ihn das Inquisitionsverfahren, das mit der Verurteilung und Abschwörung am 22. Juni 1633 ein für beide Teile beklagenswertes Ende fand.

Es dauerte fast zwei Jahrhunderte, bis das allgemeine und auch das spezielle Indexverbot der Schriften von Kopernikus, Galilei usw. endgültig aufgehoben wurde, aber für den endlichen und sicheren Sieg der Wahrheit konnte das Vorgehen Roms kein eigentliches Hindernis bilden. Die physikalischen Bedenken und Einwürfe gegen die kopernikanische Lehre schwanden mit dem tieferen vorurteilslosen Eindringen in die mechanischen Probleme durch die zwingenden Gedankenverbindungen, die den mathematischen Wissenschaften eigentümlich sind. Newton (1642—1727), dessen Streben auf eine zusammenfassende Erkenntnis der kosmischen Gesetze gerichtet war, verdichtete die ganze astronomische Arbeit seiner Vorgänger zu dem mathematischen Gesetz der allgemeinen Massenanziehung, die Kepler schon vorgeahnt hatte. Er zeigte auch den Weg zum experimentellen Beweis der täglichen Erddrehung, wie ihn Benzenberg (1777—1846) schließlich gab und damit den ersten Teil der kopernikanischen Auffassung vom Weltmechanismus zu einem festen Besitztum der Wissenschaft werden ließ.

Bald sollte auch die Jahresbewegung der Erde und damit der zweite Teil der kopernikanischen Lehre einwandfrei bestätigt werden. Schon im Jahre 1675 hatte der dänische Astronom Olaf Römer (1644—1710) auf Grund des heliozentrischen Systems aus Verfinsterungen der Jupitermonde eine Messung der Geschwindigkeit des Lichts vorgenommen. Indem Fizeau (1849) und Foucault (1862) durch ausschließlich irdische Messungen den gleichen Zahlenwert für die Lichtgeschwindigkeit ermittelten, lieferten sie einen indirekten Beweis für den zweiten Teil der kopernikanischen Lehre. B e s s e l (1784 bis 1846) hatte übrigens schon im Jahre 1838 eine direkte Bestätigung des jährlichen Umlaufs der Erde um die Sonne gegeben. Durch seine klassischen Untersuchungen am Stern 61 des Schwans konnte er damals zeigen, daß die Firsterne am Himmel kleine Ellipsen*) beschreiben, die winzige Ab= bilder der elliptischen Erdbahn sind. An ihnen s e h e n wir die jährliche Umwälzung unseres Planeten um die Sonne, allerdings nicht so erstaunlich einfach, wie die täg= liche Achsendrehung des Erdballs an der Ablenkung des Foucaultschen Pendels.

Welche Sicherheit mathematischen Schlüssen aus der ausgebauten kopernikanischen Lehre innewohnt, mag zum Schlusse noch an zwei besonders bemerkenswerten Bei= spielen gezeigt werden: P i a z z i in Palermo (1746—1826) hatte in der Nacht zum 1. Januar 1801 einen kleinen Stern achter Größe entdeckt, der sich als Planet erwies. Nach 40 Tagen war der Stern wegen Sonnennähe nicht mehr sichtbar. K. F. G a u ß (1777—1855) errechnete aus den wenigen Ortsbestimmungen, die vorlagen, die mutmaß= liche Bahn des Planeten („Ceres"), und schon am 1. Januar 1802 konnte der Stern durch O l b e r s (1758—1840) in Bremen genau an der Stelle aufgefunden werden, wo er sich nach der Berechnung von Gauß befinden sollte.

Den größten Triumph aber feierte die rechnende Stern= kunde, als L e v e r r i e r (1811—1877) aus den Störungen des am 13. März 1781 durch W. H e r s c h e l (1738—1822) entdeckten Planeten Uranus auf mathematischem Wege die Bahn eines völlig unbekannten Wandelsterns (des Planeten Neptun) bestimmte, den J. G. G a l l e (1812 bis 1910), als er am 23. September 1846 in den Besitz der am 31. August 1846 veröffentlichten Ergebnisse gelangt war, wenige Stunden später nahe an dem durch die Rechnung ermittelten Orte entdeckte.

---

*) Jede Kreisfläche, die wir schräg betrachten, erscheint als Ellipse. Bewegt sich ein Punkt derart, daß die Summe seiner Ab= stände von zwei festen Punkten (den sog. Brennpunkten) stets die gleiche ist, so durchläuft er eine Ellipse.

II. Auf der Suche nach der Wahrheit.

Aus der „Sandrechnung" des Archimedes[1]).

Wie du weißt, bezeichnen die meisten Astrologen die Welt als eine Kugel, die ihren Mittelpunkt im Zentrum der Erde besitzt und einen Halbmesser von der Größe des Sonnenabstandes hat. Dies ist die gewöhnliche Lehre, das weißt du von den Astrologen. Aristarch[2]) aus Samos hat aber eine andere Lehre[3]) aufgestellt, aus deren Voraus=setzungen er schließt, die Welt müsse viel größer sein, als eben behauptet wurde. Nach seiner Annahme bleiben Sonne und Fixsterne unbeweglich; die Erde läuft auf einem Kreise um die im Mittelpunkte befindliche Sonne herum; die Fixsternsphäre, die denselben Mittelpunkt hat, ist so groß, daß die Erdbahn zum Fixsternabstand dasselbe Verhältnis auf=weist, wie der Mittelpunkt einer Kugel zu ihrer Oberfläche.

Aus den „akademischen Untersuchungen" von Cicero[4]).

Hiketas (Niketas)[5]) aus Syrakus nimmt — wie Theophrast[6]) erzählt — an, daß der Himmel, Sonne, Mond, Sterne und alles übrige stillsteht und sich außer der Erde nichts im Weltall bewegt. Diese dreht sich um eine Achse mit sehr großer Geschwindigkeit; dadurch scheint sich der Himmel zu bewegen und die Erde still zu stehen. Einige glauben, daß auch Plato im Timäus[7]) dieses sagt, wenn auch ein wenig dunkler.

Aus der Schrift „Das Gesicht auf der Mondscheibe" von Plutarch[8]).

Verwickle uns nur nicht in eine Anklage wegen Un=glaubens, Verehrtester, wie das einst Kleanthes wollte, als er ganz Griechenland zur Anklage gegen Aristarch von Samos wegen Verachtung der Religion aufforderte: er verschiebe den heiligen Mittelpunkt der Welt, er lasse ferner den Fixstern=himmel feststehen und die Erde auf einem geneigten Kreise[9]) sich bewegen und gleichzeitig sich um ihre Achse drehen; und das alles, um die Himmelserscheinungen zu berichtigen![10]

Aus Plutarchs Schrift „Von den Meinungen der Philosophen".

Nach der gewöhnlichen Meinung ruht die Erde. Der Pythagoräer Philolaos[11]) aber glaubt, daß sie sich, wie Sonne und Mond, in einem schiefen Kreise um das Feuer bewegt. Auch Heraklides[12]) aus Pontus und der Pythagoräer Ekphantus[13]) lehren, daß sich die Erde bewegt, aber nicht fortschreitend, sondern ähnlich wie ein Rad, in einer Drehung von Westen nach Osten um ihren eigenen Mittelpunkt.

Aus dem ersten Buche des „Almagest" von Ptolemäus[14]).
Aus dem vierten Kapitel.

Geht man zur Untersuchung der Erdstellung über, so erkennt man, daß die Erde nach Art des Kugelzentrums sich in dem Mittelpunkt des Himmels befinden muß. Es gäbe nämlich sonst drei Möglichkeiten. Erstens könnte die Erde von den Himmelspolen zwar gleichweit entfernt sein, sich aber außerhalb der Himmelsachse befinden. Zweitens könnte sie sich zwar auf dieser befinden, aber verschiedenen Abstand von den Himmelspolen haben. Drittens könnte sie sich weder auf der Achse befinden, noch gleichen Abstand von den beiden Himmelspolen haben.

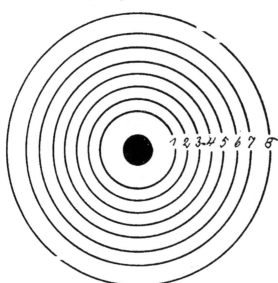

Abb. 1. Die Reihenfolge der Himmelskörper im geozentrischen System.
Um die Erde im Weltmittelpunkt lagern sich die Sphären von Mond (1), Merkur (2), Venus (3), Sonne (4), Mars (5), Jupiter (6), Saturn (7) und die Fixsternsphäre (8).

Gegen die erste Möglichkeit spricht u. a. das Folgende: Nicht mehr der Himmelsäquator würde durch den Horizont halbiert, sondern einer der nördlichen oder südlichen Parallelkreise. Es müßte auch Erdorte mit schiefer Sphäre [15]) ohne Tag- und Nachtgleiche geben. Dies widerspricht offenbar den Tatsachen.

Auch die zweite Möglichkeit schaltet aus. Für Orte gerader Sphäre [16]) würde nämlich der Horizont den Himmel zwar halbieren, für Orte schiefer Sphäre aber würde der Teil des Himmels kleiner erscheinen, in dem der der Erde nähere Himmelskörper läge. Die Ekliptik [17]) würde durch den Horizont in zwei ungleiche Teile zerschnitten, was man aber nirgends beobachtet, denn es sind immer sechs Zeichen sichtbar und sechs unsichtbar. Auch könnten die östlichen und die westlichen Schatten an einer Sonnenuhr an den Tag- und Nachtgleichen keine gerade Linie bilden.

Auch die dritte Möglichkeit ist zu verwerfen, denn die Widersprüche der beiden ersten Fälle gelten für sie gleichzeitig.

Würden wir also die Sonne n i c h t im Mittelpunkte der Welt annehmen, so würde die Ordnung, die wir beim Wechsel der Länge von Tag und Nacht wahrnehmen, vollständig gestört. Es würden außerdem die Mondfinsternisse nicht mehr an allen Stellen des Himmels dann eintreten, wenn Sonne und Mond den Halbkreisabstand besitzen, denn die Erde hätte dann häufig ihre Stellung zwischen ihnen, wenn sie weniger als Halbkreisabstand hätten.

Aus dem fünften Kapitel.

Ein wichtiger Beweisgrund dafür, daß die Erde für die sinnliche Wahrnehmung nur als ein Punkt im Vergleich zum Abstand der Fixsternsphäre anzusehen ist, liegt darin: Die Größen und Abstände der Gestirne erscheinen im nämlichen Augenblick an allen Orten der Erde durchaus gleich. Sonnenuhren, die man an beliebigen Erdorten aufstellt, und die Mittelpunkte der Armillarsphären [18]) verhalten sich durchaus so wie im eigentlichen Erdmittelpunkt. Visierrichtungen und Schattenbewegungen zeigen sich ganz genau so, wie wenn sich die Instrumente im Erdmittelpunkt befinden würden.

: . Einen überzeugenden Beweis finden wir auch darin, daß die Horizonte immer die ganze Himmelskugel halbieren. Das könnte nicht geschehen, wenn die Größe der Erde im Verhältnis zum Abstand der Himmelskörper endlich wäre. Es könnte dann nur eine durch den Erdmittelpunkt gelegte Ebene die Himmelskugel halbieren, jede andere Ebene durch einen Punkt der Erdoberfläche würde dagegen die Himmelskugel ungleich teilen, das Stück unter der Erde wäre nämlich größer als das über ihr.

Aus dem sechsten Kapitel.

Die Erde kann unmöglich irgendeine Bewegung im Raume besitzen oder sich irgendwie aus ihrer Stellung im Mittelpunkt entfernen. Sonst müßte nämlich all das eintreten, was sich (nach den Ausführungen im vierten Kapitel) für andere Lagen als die im Weltmittelpunkt folgern läßt.

Ich halte es für überflüssig, die Ursachen der Bewegung nach dem Weltmittelpunkt zu untersuchen, weil ja die Erde diesen Mittelpunkt einnimmt und sich zu ihr hin alle schweren Körper bewegen, was sich ja allenthalben deutlich zeigt. Die schweren Körper, die sich aus dichten Teilen zusammensetzen, bewegen sich nach dem Weltmittelpunkt hin.... Hätte die Erde dieselbe Bewegung wie die andern schweren Körper, so würde sie diesen bei ihrer Fallbewegung wegen ihrer übermäßigen Größe vorauseilen. Es müßten dann alle Lebewesen und die losgelösten schweren Körper zurückbleiben und in der Luft schweben. Es wäre lächerlich, sich dergleichen überhaupt nur vorzustellen.

Manche stimmen diesen Ausführungen zwar bei (da sie davon überzeugt sind und keine Gegengründe vorbringen können), meinen aber, es sei nichts dagegen einzuwenden, wenn man den Himmel als unbewegt annehme und der Erde eine Drehung um die Weltachse von Westen nach Osten zuschreibe, oder wenn man Himmel und Erde als bewegt ansehe (mit einer gewissen gegenseitigen Überholung). Möglicherweise widersprechen die Himmelserscheinungen dieser vereinfachenden Annahme nicht. Mit Rücksicht aber auf die Erscheinungen in unserer nächsten Nähe und in der Luft mutet die Anschauung jener Leute sehr lächerlich an. Sie müßten uns zugeben, daß die Bewegung der Erde schneller ist als alle Bewegungen in ihrer Nähe und alles, was nicht fest auf ihr ruht, scheinbar die gleiche Bewegung — der Erddrehung entgegengesetzt — ausführen muß. Es könnte dann nie so aussehen, als bewegte sich eine Wolke oder irgendein fliegender oder geworfener Körper nach Osten. Die Erde würde nämlich stets allem vorauseilen und die Bewegung nach Osten derart überholen, daß alles scheinbar nach Westen zurückweichen würde.

Wollte man behaupten, auch die Luft drehe sich in der gleichen Weise und ebenso rasch wie die Erde, so müßten doch die in ihr befindlichen Körper hinter der gemeinsamen Bewegung zurückbleiben. Und wollte man sich vorstellen, die Körper würden — mit der Luft gleichsam verwachsen — mit dieser herumgeführt, so müßte es keine Bewegung vorwärts oder rückwärts mehr zu geben scheinen. Die Körper müßten stets an derselben Stelle verharren und kämen weder beim Flug noch beim Wurf vorwärts oder rückwärts. Dem widersprechen aber doch deutlich die Tatsachen, die keinerlei Beschleunigung oder Verzögerung durch eine Erddrehung anzeigen.

Aus der Schrift „Die Hochzeit der Philologie" von Marcianus Capella[19].

Venus und Merkur bewegen sich nicht um die Erde, die nicht für alle Planetenbahnen den Mittelpunkt bildet, wenngleich sie unzweifelhaft der Mittelpunkt der Welt ist. Während die Welt sich stets in gleicher Weise und in derselben Zeit dreht, ändern die Planeten täglich die Örter und Kreise. Denn kein Planet geht da auf, wo er am Tage vorher aufgegangen ist. Es unterliegt darum keinem Zweifel, daß die Sonne 183 Kreise hat, durch die sie entweder zum Wendekreis[20] des Steinbocks hinab- oder zu dem des Krebses hinaufsteigt. Mars besitzt zweimal, Jupiter zwölfmal und Saturn achtundzwanzigmal so viel Kreise als die Sonne. Sie bewegen sich mit der Fixsternwelt um die Sonne mit Aufgang und Untergang. Venus und Merkur gehen zwar täglich auf und unter, bewegen sich aber doch nicht um die Erde, sondern um die wesentlich größere

Sonne. In dieser haben sie den Bahnmittelpunkt. Da= durch sind sie bald jenseits der Sonne, bald diesseits (also der Erde näher).

III. Kopernikus und seine Lehre.

Aus dem „Kurzen Abriß"[21]) von Kopernikus.

Unsere Vorfahren haben zur Erklärung der Bewegungen am Himmel vor allem deshalb eine große Zahl von Kreisen angenommen, um die Bewegung der Gestirne unter dem Gesichtspunkt der Gleichförmigkeit behandeln zu können. Es mußte nämlich ungereimt erscheinen, daß ein Himmels= körper, der selbst die vollkommenste Rundung besitzt, sich nicht immer gleichmäßig bewegen solle. Man hielt dies für möglich bei der Annahme, durch ein Zusammenstellen und Zusammenwirken von gleichförmigen Bewegungen auf verschiedenerlei Art bewege sich ein Körper nach einer gewissen Richtung.

Kalippus und Eudoxus[22]) konnten trotz aller Bemühungen das Problem mittels konzentrischer Kreise nicht lösen. Darum schien eine andere Annahme zweck= mäßiger, der sich endlich auch die Mehrzahl der Gelehrten anschloß: man versuchte nämlich, die Erscheinungen durch exzentrische Kreise und Epizykeln zu erklären.

Selbst nach den Untersuchungen von Ptolemäus und sehr vielen anderen Astronomen war man des Ergebnisses nicht zweifellos sicher, wenn auch die rechnerische Behand= lung einigermaßen stimmte. Man brauchte nämlich noch einen Kreis, den Äquanten. Und doch bewegte sich der Planet weder auf dem Deferenten, noch vom eigenen Mittelpunkte aus gleichförmig! Deshalb schien auch dieses System nicht hinreichend sicher: es paßte sich auch der Rech= nung nicht ordentlich an.

Bei reiflicher Überlegung dieser Punkte drängte sich mir öfters der Gedanke auf, ob es denn nicht möglich sei, eine zweckmäßigere Anordnung der Kreise aufzufinden und aus ihr die ganze Mannigfaltigkeit der Erscheinungen her= zuleiten. Ich nahm die freilich recht schwierige und fast

20

unlösbare Arbeit in Angriff. Dabei zeigte es sich schließ=
lich, daß man die Erklärung viel einfacher und zweckent=
sprechender geben kann, wenn man von gewissen Grund=
annahmen ausgeht, die hier der Reihe nach folgen sollen.

Erste Grundannahme. Es gibt nur einen
Mittelpunkt für die Gestirne und ihre Bahnen.

Zweite Grundannahme. Der Erdmittel=
punkt ist nicht auch Mittelpunkt für die Welt, sondern nur
für die Mondbahn und für die Schwere.

Dritte Grundannahme. Alle Planeten be=
wegen sich um die Sonne, die im Mittelpunkte ihrer Bahnen
steht. Der Weltmittelpunkt fällt also in die Sonne.

Vierte Grundannahme. Der Abstand Erde—
Sonne ist im Verhältnis zur Weite des Firmaments kleiner
als der Erdhalbmesser im Verhältnis zum Abstand Erde—
Sonne und verschwindet daher gegenüber der Größe des
Firmaments.

Fünfte Grundannahme. Was uns als Be=
wegung am Himmel erscheint, leitet sich nicht von diesem,
sondern von einer Bewegung der Erde her. Die Erde
dreht sich nämlich samt ihrer nächsten Umgebung täglich
einmal völlig herum, dabei behalten ihre beiden Pole
dauernd dieselbe Richtung bei, der Himmel aber bleibt
bis zu seiner äußersten Grenze hin unbeweglich.

Sechste Grundannahme. Was uns als Be=
wegung der Sonne erscheint, leitet sich auch nicht von diesem
Gestirn, sondern von der Erde und ihrer Bahn her, in der
wir uns um die Sonne bewegen, wie das auch die andern
Planeten tun. Die Erde besitzt also eine mehrfache Be=
wegung.

Siebente Grundannahme. Das Vorschreiten
und Zurückbleiben der Planeten ist nicht eine Folge ihrer
Bewegung, sondern der Erdbewegung. Die Mannigfaltig=
keit der Himmelserscheinungen findet also ihre ausreichende
Erklärung lediglich durch die Bewegung der Erde.

Nach diesen Vorbemerkungen will ich nun kurz dartun,
wie durch sie die Gleichförmigkeit der Bewegungen ordentlich
gewahrt wird. Der Kürze halber verzichte ich hier auf mathe=
matische Ableitungen und behalte mir diese auf ein größeres
Werk vor . . . .[23]).

Aus dem „Erſten Bericht" des G. J. Rheticus [24] (1540) [25].

Daß die Planeten bald rechtläufig, bald rückläufig, bald ſtillſtehend erſcheinen, daß ihre Entfernung von der Erde bald größer, bald kleiner iſt, das alles leitet mein ver= ehrter Lehrer aus einer regelmäßigen Bewegung der Erd= kugel her. Im Mittelpunkt der Welt hat die Sonne ihren Platz; um ſie herum bewegt ſich die Erde in einem ex= zentriſchen Kreiſe. Wahrhaftig, es iſt etwas Göttliches, daß das ſichere Geſetz für die Himmelserſcheinungen von den regelmäßigen und gleichförmigen Bewegungen der einen Erdkugel abhängen muß. — — — — — —

Für die Mathematiker gilt nicht minder als für die Ärzte der Satz, den Galenus [26] allenthalben betont: „Die Natur tut nichts ohne einen Endzweck" und „Der muß als ein verſtändiger Meiſter gelten, der bei ſeiner Tätigkeit nicht auf einen Vorteil hinarbeitet, ſondern auf zwei oder drei, ja oft auf viele." Nun ſehen wir, daß mit der einzigen Bewegung der Erde einer unbegrenzten Anzahl von Erſcheinungen Genüge geſchieht. Sollten wir da Gott, dem Weltenſchöpfer, nicht einmal die Kunſtfertigkeit zu= ſchreiben, wie wir ſie bei den gewöhnlichen Uhrmachern ſehen? Dieſe geben ſorgfältigſt darauf acht, daß ſie in das Werk kein Rädchen einſetzen, das überflüſſig iſt oder durch ein anderes mit wenig veränderter Lage erſetzt werden kann. — — — — — —

Die Alten nannten die Sonne: Chorführer, Lenker der Natur, König. Aber wie ſollte ſie dieſe Leitung bewerk= ſtelligen? Etwa ſo, wie Gott das ganze Weltall lenkt? Oder ſollte ſie dadurch Weltenlenker ſein, daß ſie, ohne irgendwo zu ruhen, den ganzen Himmel ohne Unterlaß durchwandert? Jene Lenkungsweiſe hat man zurückgewieſen, dieſe aber angenommen. Mein verehrter Lehrer dagegen hat jene Lenkungsweiſe, die verworfen war, wieder erneut auf= genommen, dabei läßt er der neuerdings gebilligten An= nahme noch Platz. Braucht ja doch auch der Kaiſer nicht alle Städte einzeln zu bereiſen, um das Amt zu verwalten, 'das Gott ihm verliehen hat! So braucht auch das Herz nicht in den Kopf, in die Füße oder in andere Teile des Körpers zu wandern, um das Leben zu erhalten.

___

Könnte Ptolemäus wieder in das Leben zurückkehren, er würde — darüber bin ich mir vollkommen klar — seinen eigenen Hypothesen nicht mehr treu bleiben. Er fände den königlichen Weg ungangbar, durch die Trümmer vieler Jahrhunderte so versperrt, daß er zum sicheren Aufbau der Himmelskunde einen neuen Weg aufsuchen würde.

___

Als ich im vorigen Jahre bei Dir [27]) war und die Bemühungen von Dir und den andern Gelehrten bei der Verbesserung der Tafeln von P e u r b a c h [28]) und R e = g i o m o n t a n [29]) sah [30]), da begann ich zu begreifen, welch mühevolle Arbeit es sein müsse, die Astronomie, die Königin der mathematischen Wissenschaften, wieder auf ihren Thron zu setzen und ihre Herrschaft wiederherzustellen. Seit ich aber nach Gottes Willen Augenzeuge geworden bin von der schweren Arbeit, die mein verehrter Lehrer durchaus freudigen Sinnes jetzt bewältigt und zum großen Teile schon vollendet hat, da ist es mir erst klar geworden, daß ich bisher nicht die geringste Ahnung von einer derartigen Arbeitslast gehabt habe. Sie ist so groß, daß sie nicht leicht ein anderer tragen und schließlich überwinden kann. — — — — — —
Mein verehrter Lehrer hat die Beobachtungen aller Zeiten nach einer bestimmten Reihenfolge gesammelt und hat sie stets vor Augen. Ist nun irgend etwas festzustellen oder in den Bestand der Wissenschaft und ihrer Regeln aufzunehmen, so schreitet er von jenen ersten Beobachtungen bis zu den seinigen vor und untersucht genau, nach welcher Theorie sie untereinander übereinstimmen. Was er dann streng logisch aufgefunden hat, beurteilt er nach den Anschauungen des Ptolemäus und des Altertums. Findet er dann nach reiflicher Erwägung aller Punkte, die seitherigen Annahmen seien durch die astronomische Zwangslage aufzugeben, so stellt er — mit göttlicher Eingebung und Fügung — neue Sätze auf und begründet durch streng geometrischen Beweis die weiteren Folgerungen. Dann

untersucht er, wie die Beobachtungen der Alten und die seinigen zu den gemachten Annahmen passen. Und erst wenn er all diese Mühe und Arbeit überstanden hat, spricht er schließlich das neue astronomische Gesetz aus. — — — —

Wenn man den Endzweck der Astronomie, die Dar=stellung von Zusammenhang und Übereinstimmung in den Bewegungen der Himmelskörper, ins Auge faßt, wenn man sieht, mit welcher Leichtigkeit und Anmut von allen Seiten die Gründe für die Erscheinungen ans Licht treten, so muß man sagen: es kann keine bequemere und richtigere An=schauung über die Bewegung der Himmelskörper geben als die meines verehrten Lehrers. Wie eine goldene Kette schließt sie alles aufs schönste zusammen. — — — — —

Du kannst fest überzeugt sein, daß mein verehrter Lehrer nichts sehnlicher erstrebt, als in den Fußtapfen des Ptolemäus zu wandeln, wie dieser selbst denen gefolgt ist, die vor ihm lebten. Indem die Himmelserscheinungen und mathemati=schen Überlegungen ihn zwangen, gegen seinen Willen neue Annahmen zu machen, hielt er es einstweilen für ausreichend, in derselben Weise wie Ptolemäus und auch nach demselben Ziele seine Geschosse zu richten. Bogen und Pfeile waren allerdings aus einem ganz andern Stoffe wie bei Ptole=mäus: „Zum Philosophieren gehört ein vorurteilsfreier Geist.“

Übrigens liegt es meinem verehrten Lehrer völlig fern, aus reiner Sucht nach Neuerungen von den Meinungen der früheren Forscher abzugehen, nur triftige Gründe und die Sachlage selbst können ihn dazu bestimmen. Vor einem derartigen Verdacht ist er geschützt durch sein Alter, seine ernste Gesinnung, seine gründliche Gelehrsamkeit, sein er=habenes Wissen und seine Geistesgröße. Solch ein Ver=dacht könnte auch nur von denen ausgesprochen werden, die entweder in recht jugendlichem Alter stehen oder mehr eingebildet als ausgebildet sind. — — — — — — —

Jeder Meister seiner Kunst fördere zutage, was nützen kann, und verteidige es so, daß er als Wahrheitsucher erscheine! Das Urteil von tüchtigen Gelehrten wird mein verehrter Lehrer niemals scheuen. Er will sich ihm viel=mehr aus eigenem Antrieb unterziehen.

Aus einem Briefe von Osiander[31]) an Kopernikus (20. April 1541).

Ich bin immer der Ansicht gewesen, daß Hypothesen keine Glaubensartikel sein sollen, sondern lediglich eine Unterlage für die Rechnung. Daher kommt es gar nicht auf ihre Richtigkeit an, wenn sie nur den Erscheinungen gerecht werden. Weiß denn jemand mit Sicherheit, ob die ungleiche Sonnenbewegung — wenn man sich auf den Standpunkt des Ptolemäus stellt — exzentrisch oder epizyklisch zu deuten ist? Sind doch beide Annahmen berechtigt! Ich meine, es wäre gut, wenn Du in der Vorrede darüber einiges sagtest. So würdest Du die Peripatetiker[32]) und Theologen günstiger stimmen, von denen Du Widersprüche fürchtest.

Aus dem Hauptwerk des Kopernikus.

An Seine Heiligkeit den Papst Paul III.

Vorwort des Nikolaus Kopernikus zu seinem Werke über die Umwälzungen der Himmelskörper.

Heiligster Vater! Gewisse Leute werden, wie ich mir wohl vorstellen kann, sofort ausrufen, ich sei mit meiner Lehre zu verwerfen, wenn sie erfahren, daß ich in diesem Werke über die Umwälzungen der Himmelskörper der Erdkugel gewisse Bewegungen zuschreibe. Mir gefallen meine Ansichten keineswegs so sehr, daß mir am Urteil anderer Leute nichts gelegen ist. Ich weiß auch, daß die Überlegungen eines Philosophen sich von dem allgemeinen Urteil weit entfernen, ganz besonders, weil er in allen Dingen die Wahrheit erforschen muß, soweit Gott dies der menschlichen Vernunft überhaupt gestattet. Trotzdem muß man, wie ich glaube, gar zu fremdartige Anschauungen vermeiden. Ich überlegte bei mir, daß jene Männer meine Ansicht von der Bewegung der Erde für widersinnig bezeichnen werden, die in Übereinstimmung mit den Anschauungen vieler Jahrhunderte an der Unbeweglichkeit der Erde im Himmel — gleichsam als deren Mittelpunkt — festhalten. Ich schwankte darum lange, ob ich meine Beweisführungen für die Erdbewegung veröffentlichen solle, oder ob ich nicht beſſer dem Vorbilde der Pythagoräer folgen ſolle, welche die Geheimniſſe der Philoſophie nicht ſchriftlich, ſondern nur mündlich zu überliefern pflegten und zwar lediglich ihren Freunden und Verwandten. Die Verachtung, die ich wegen meiner neuartigen und ſeltſamen Meinung befürchtete, beſtimmte mich faſt zur Unterlaſſung des begonnenen Werkes, als ich mir dies alles durch den Kopf gehen ließ.

Allein meine Freunde brachen mein langes Zaudern und Widerſtreben und ermahnten mich zur Herausgabe meines Werkes, das ja bei mir nicht neun Jahre, ſondern bereits in das vierte Jahrneunt verſteckt ſei ³³). Außerdem ſetzten mir mehrere hervorragende und gelehrte Männer zu, ich ſolle meine Beſorgnis fallen laſſen und mein Werk zum allgemeinen Nutzen der Mathematiker veröffentlichen. Je widerſinniger meine Lehre von der Erdbewegung jetzt den meiſten erſcheine, deſto größer werde Bewunderung und Dank ſein, wenn man ſehe, daß der Nebel der Widerſinnigkeit durch die einleuchtenden Beweiſe in meinen veröffentlichten Unterſuchungen verſchwinde. In dieſer Hoffnung ließ ich mich von ihnen überreden und geſtattete meinen Freunden den lange geforderten Druck meines Werkes.

Deine Heiligkeit wird ſich vielleicht gar nicht ſo ſehr wundern, daß ich es gewagt habe, meine nächtlichen Unterſuchungen zutage zu fördern, da ich ja bei ihrer Ausarbeitung keinerlei Mühe geſcheut habe. Deine Heiligkeit erwartet vielmehr, von mir zu erfahren, wie es mir in den Sinn kommen konnte, gegen die gewöhnliche Meinung der Mathematiker und vielleicht ſogar gegen den geſunden Menſchenverſtand eine Erdbewegung anzunehmen. Daher will ich Deiner Heiligkeit nicht verſchweigen, daß ich zu meiner neuen Art der Berechnung der Weltkörperbewegung nur dadurch veranlaßt wurde, daß unter den Mathematikern bei derartigen Unterſuchungen keine Einigkeit herrſcht. Denn erſtens ſind ſie wegen der Bewegung von Sonne und Mond ſo ſehr im ungewiſſen, daß ſie die ſtetige Größe des Jahres nicht feſtſtellen und beobachten können. Zweitens ſtützen ſie die Bewegungen der Sonne, des Mondes und der andern fünf Planeten nicht auf die gleichen Grundſätze und Vorausſetzungen und ſtellen auch die auftretenden Umwälzungen und Bewegungen verſchieden dar. Die einen verwenden nämlich nur die konzentriſchen, die andern die exzentriſchen Kreiſe und Epizykeln; ſie erreichen aber trotzdem das geſteckte Ziel nicht völlig. Gerade die Hauptſache haben ſie daraus nicht herleiten können: die Geſtalt des Weltalls und das wahre Ebenmaß ſeiner Teile. Sie ähneln damit einem, der Hände, Füße, Kopf und andere Glieder — an ſich zwar alle gut gemalt, aber nicht in einheitlichem Verhältnis — zuſammenſetzen wollte: die nicht zu einander paſſenden Teile würden dann ein Ungeheuer, aber keinen Menſchen darſtellen [34]).

Lange hatte ich über dieſe Ungewißheit der mathematiſchen Überlieferungen nachgeſonnen, da erfaßte mich ein Widerwille, daß von den Philoſophen, die doch ſonſt den geringfügigſten Kleinigkeiten ſo eingehend nachgeſpürt haben, noch kein zuverläſſigeres Verfahren ausgedacht worden iſt für die Bewegungen im Weltgebäude, das der beſte und vollkommenſte Baumeiſter für uns geſchaffen hat. So machte ich mich denn daran, alle philoſophiſchen Schriften, deren ich habhaft werden konnte, neuerdings zu leſen und nachzuforſchen, ob nicht einmal irgendeiner ſich die Bewegung der Weltkörper anders vorgeſtellt hat, als die Mathematiker von Fach. Und wirklich fand ich bei Cicero [35]), Nicetas habe die Erde als bewegt angeſehen. Später fand ich dann bei Plutarch [36]), daß auch einige andere die gleiche Anſicht vertreten haben.

Dadurch angeregt, begann auch ich über die Beweglichkeit der Erde nachzudenken. Da ich wußte, daß ſchon andern vor mir die Freiheit verſtattet war, beliebige Kreisbewegungen zur Ableitung der Himmelserſcheinungen anzunehmen, glaubte ich, auch mir ſei es wohl erlaubt, durch die Annahme einer Erdbewegung nach einer zuverläſſigeren Ableitung der Himmelsbewegungen zu ſuchen, wenn auch meine Anſicht widerſinnig erſcheine.

So nahm ich denn die Bewegungen an, die ich im nachſtehenden Werke der Erde zuſchreibe. Durch viele langjährige Unterſuchungen fand ich dann: Wenn die Bewegungen der andern Planeten auf einen Kreislauf der Erde bezogen und nach ihm berechnet werden, laſſen ſich

nicht nur die an ihnen beobachteten Erscheinungen ein=
wandfrei erklären, es fügen sich vielmehr auch die Reihen=
folgen und Größen der Gestirne und Bahnen und der
Himmel selbst derart zusammen, daß in keinem seiner
Teile eine Veränderung möglich ist ohne Verwirrung der
übrigen Teile und des ganzen Weltalls. Ich habe dem=
gemäß dieses Werk so angelegt, daß ich im ersten Buche
alle Bahnen der Himmelskörper mit den von mir der Erde
zugewiesenen Bewegungen beschreibe. Dieses Buch ent=
hält also gewissermaßen die allgemeine Anordnung des
Weltalls. In den andern Büchern vergleiche ich dann
die Bewegungen der übrigen Gestirne und Weltkörper
mit der Bewegung der Erde. Man kann daraus ersehen,
wie weit die Bewegungen der übrigen Gestirne und Welt=
körper beibehalten werden können, wenn man sie auf die
Bewegungen der Erde bezieht.

Zweifellos werden mir geistreiche und gelehrte Mathe=
matiker zustimmen, wenn sie nicht oberflächlich, sondern
gründlich — wie es ja die Philosophen vor allen Dingen
fordern — alles überlegen und prüfen, was ich in diesem
Werke für meine Ansicht beibringe. Damit Gelehrte und
Ungelehrte in gleicher Weise sehen, daß ich durchaus keines
Menschen Urteil scheue, habe ich meine nächtlichen Unter=
suchungen lieber Deiner Heiligkeit als sonst irgendeinem
anderen widmen wollen. Du wirst nämlich auch in diesem
entlegenen Erdenwinkel, in dem ich wirke, an Würde Deines
Ranges und an Liebe zu allen Wissenschaften und auch zur
Mathematik als hocherhaben angesehen. Du kannst daher
leicht durch Dein Ansehen und Urteil die Bisse der Ver=
leumder verhindern, wenn es auch im Sprichwort heißt,
gegen den Biß der Verleumder gebe es kein Mittel.

Wenn etwa hohle Schwätzer trotz ihrer Unwissenheit
in der Mathematik sich doch ein Urteil anmaßen und — ge=
stützt auf irgendeine von ihnen böswillig verdrehte Stelle
der Heiligen Schrift — meine Sätze zu tadeln und an=
zugreifen wagen, so mache ich mir nichts daraus, werde
vielmehr auch ihre Sätze als unüberlegt geradezu ver=
achten. Es ist ja wohlbekannt, daß Lactantius [37]),
ein sonst berühmter Schriftsteller, aber ein schlechter Mathe=
matiker, recht kindisch von der Form der Erde spricht und

28

die verspottet, welche die Kugelgestalt lehrten. Darum dürfen sich die Forscher nicht wundern, wenn solche Leute auch mich verlachen werden. Mathematik wird für Mathematiker geschrieben. Diese werden — darin glaube ich mich nicht zu täuschen — meinen Arbeiten auch Nutzen für die Kirche beimessen, an deren Spitze Deine Heiligkeit jetzt steht. Als nämlich vor nicht zu langer Zeit unter L e o X. auf dem Laterankonzil die Frage der Kalenderverbesserung erörtert wurde, blieb sie lediglich deshalb ungelöst, weil man die Länge der Jahre und Monate und die Bewegungen von Sonne und Mond für nicht genau genug bestimmt hielt. Diesen Untersuchungen habe ich mich seitdem hingegeben, gemäß der Aufforderung des Bischofs P a u l v o n S o s s o m b r o n e [38]), des damaligen Leiters dieser Angelegenheit. Meine Leistungen auf diesem Gebiet überlasse ich hauptsächlich dem Urteil Deiner Heiligkeit und aller andern gelehrten Mathematiker. Damit es nicht so aussieht, als verspreche ich vom Nutzen dieses Werks Deiner Heiligkeit mehr, als ich leisten kann, gehe ich jetzt zur eigentlichen Sache über.

Die von O s i a n d e r untergeschobene Vorrede zur ersten Ausgabe des Werkes von Nic. Kopernikus.

An den Leser über die Hypothesen dieses Buches.

Da der Ruf von den neuartigen Hypothesen dieses Buches bereits weit verbreitet ist, haben zweifellos manche Gelehrte Anstoß daran genommen, daß es die Erde als beweglich, die Sonne aber im Mittelpunkt des Weltalls als unbeweglich annimmt, und glauben, die längst richtig gegründeten Wissenschaften dürften nicht in Verwirrung gebracht werden. Bei genauerer Erwägung werden sie aber finden, daß der Verfasser für sein Unternehmen keinen Tadel verdient. Die eigentliche Aufgabe des Astronomen besteht nämlich darin, daß er den Verlauf der Himmelsbewegungen aus sorgfältigen, genauen Beobachtungen ermittelt und nach den Ursachen forscht. Kann er diese in voller Wahrheit auf keinerlei Weise finden, so muß er beliebige Hypothesen ausdenken und zurechtlegen, die eine Berechnung jener Bewegungen für Vergangenheit und Zukunft nach den Sätzen der Geo= metrie ermöglichen. Beiden Aufgaben hat der Meister ausgezeichnet genügt. Es ist nämlich nicht nötig, daß diese Hypothesen wahr sind, sie brauchen nicht einmal wahrscheinlich zu sein. Es genügt schon allein, wenn sie eine Rechnung ermöglichen, die zu den Beobachtungen paßt. Es müßte denn höchstens jemand so wenig in Geo= metrie und Optik beschlagen sein, daß er den Venus= epizykel für wahrscheinlich hielte und aus ihm folgerte, daß der Planet der Sonne bisweilen um 40° und mehr vorauseilt oder nachfolgt. Jedermann sieht doch, daß bei dieser Annahme der Planet in Erdnähe dem Durchmesser nach mehr als viermal, dem Raum nach mehr als sechzehn= mal so groß erscheinen müßte, als wenn er in Erdferne ist ³⁹). Dem widerspricht aber die Erfahrung aller Zeiten. Es gibt noch andere ebenso seltsame Widersprüche in dieser Wissenschaft, auf die wir aber hier nicht weiter einzugehen brauchen. Bekanntlich kennt sie die Ursache der anscheinend unregelmäßigen Bewegungen ganz und gar nicht. Wenn die Wissenschaft dergleichen ersinnt — und das hat sie sehr reichlich getan —, so beansprucht sie damit keineswegs, daß man nun auch davon überzeugt sei. Sie will nur eine richtige Grundlage für die Rech= nung schaffen. Für ein und dieselbe Bewegung bieten sich zuweilen verschiedene Hypothesen dar (z. B. für die Sonne die exzentrische und die epizyklische). Der Astronom wird sich dann für diejenige entscheiden, die am leichtesten zu verstehen ist, der Philosoph dagegen wird auf die größere Wahrscheinlichkeit achten. Aber keiner von beiden vermag etwas Gewisses zu ermitteln und zu lehren, wenn es ihm nicht göttliche Offenbarung enthüllt hat. Wir dürfen daher getrost die neuen Hypothesen an die alten anreihen, die um nichts wahrscheinlicher sind. Sie sind zudem be= wundernswert und leicht zu fassen, schließen auch einen ungeheuren Schatz sehr gelehrter Beobachtungen in sich ein. Es möge übrigens niemand bei Hypothesen Gewiß= heit von der Astronomie verlangen, da sie nichts der= gleichen geben kann. Wer das für Wahrheit nimmt, was zu einem ganz andern Zwecke erdacht ist, dürfte törichter von dieser Wissenschaft scheiden, als er gekommen ist. Gehab dich wohl, lieber Leser!

Die durch Osiander unterdrückte Einleitung zum ersten Buche.

Aus der reichen Zahl der Wissenschaften und Künste, an denen sich der menschliche Geist erhebt, sollte man meines Erachtens diejenigen vorzugsweise ergreifen und eifrigst pflegen, die das Schönste und Wissenswürdigste zum Gegenstand haben. Hierzu gehört das Wissensgebiet, das von den Bewegungen im Weltraume, von der Gestirne Lauf, Größe und Entfernung, von ihrem Auf- und Untergange und von der Gesamtheit der Himmelserscheinungen handelt. Gibt es etwas Schöneres als den Himmel, der alles Schöne umschließt? Schon die Namen, die ihm die Römer gaben, deuten die Reinheit und den Schmuck an und das kunstvolle Werk. Wegen seiner hehren übergroßen Herrlichkeit nannten ihn sehr viele Philosophen: Gott.

Bestimmt man den Rang der Wissenschaften nach dem Gegenstand, den sie behandeln, so nimmt den ersten Platz entschieden diejenige Wissenschaft ein, die von den einen Astronomie, von den andern Astrologie, von vielen der Alten aber die Vollendung der Mathematik genannt wird. In der Tat stützt sich diese Königin der Wissenschaften, die des freien Mannes am meisten würdig ist, auf fast alle Teile der Mathematik. Arithmetik, Geometrie, Optik, Geodäsie, Mechanik usw., sie alle sind ihr zu Diensten.

Was allen Wissenschaften eigen ist — das Abziehen des Menschengeistes von der Sünde und das Hinleiten zum Besseren —, das vermag die Astronomie in besonders hohem Maße zu tun, ganz abgesehen von dem geistigen Genusse, den sie spendet. Wer alles das erforscht, was so herrlich geordnet ist und nach göttlicher Vorsehung geleitet wird, der muß doch bei seiner fleißigen Betrachtung und innigen Vertrautheit mit dem Universum zu allem Guten hingetrieben werden und bewundernd den Urheber des Alls preisen, in dem alles Glück und alles Gute gipfelt. Die Worte des gotterfüllten Psalmisten, er sei entzückt in

Gottes Schöpfung und jauchze bei den Werken seiner Hände, wären nichtig, wenn wir nicht durch sie zur Anschauung des höchsten Gottes emporgetragen würden.

Welchen Nutzen und welche Zierde die Astronomie für die Allgemeinheit ermöglicht (von den unzähligen Sondervorteilen gar nicht zu reden!), hat Plato sehr schön hervorgehoben, der im siebenten Buche der Gesetze erklärt, man müsse sich vor allem deswegen mit ihr beschäftigen, damit durch sie die in Tage, Monate und Jahre abgeteilte Zeit die Feste und Opfer ordne und dadurch dem Staate Leben und Wachsamkeit verleihe. Es wäre sehr töricht, meint er, wenn jemand behaupten wolle, die Astronomie sei unnötig für einen, der irgendwelche der edelsten Wissenschaften erfassen wolle. Wer die Kenntnis von Sonne, Mond und Sternen für überflüssig halte, der könne — so meint Plato — nicht 'den Namen' eines wirklich großen Mannes beigelegt bekommen.

Allein diese mehr göttliche als menschliche Wissenschaft, welche die erhabensten Gegenstände untersucht, birgt allerlei Schwierigkeiten. Die meisten Menschen nämlich, die sich ihr widmen, sind über die Grundlagen und Annahmen (von den Griechen Hypothesen genannt) nicht einig und stützen sich daher nicht auf dieselben Rechnungsverfahren. Der Lauf der Sterne und die Umwälzungen der Planeten können nämlich auch nur erst mit der Zeit und nach vielen vorausgegangenen Beobachtungen zahlenmäßig und zuverlässig festgelegt und dadurch dem sicheren Bestand der Wissenschaft einverleibt werden.

Der Alexandriner Claudius Ptolemäus, der sich durch bewundernswürdige Umsicht und Sorgfalt aus der Zahl der Astronomen heraushebt, hat zwar mit Hilfe der Beobachtungen aus mehr als vier Jahrhunderten die Astronomie fast zur höchsten Vollendung geführt, so daß es schien, als habe er auch wirklich alles berührt. Und doch sehen wir zahlreiche Abweichungen zwischen den Tatsachen und seiner Theorie. Es sind eben inzwischen noch gewisse andere Bewegungen entdeckt worden, die ihm noch nicht bekannt waren. Deshalb sagt auch Plutarch, wo er vom Sonnenjahre handelt: „Bis jetzt besiegt der

Sternenlauf die mathematische Einsicht." Meines Erachtens ist es allbekannt, daß die Meinungen über das
Jahr (um bei dem Beispiele zu bleiben) stark auseinander-
gehen, so daß viele an seiner genauen Berechnung überhaupt verzweifelten.

Damit es nun nicht so aussieht, als wolle ich meine
Schwachheit unter dem Vorwande dieser Schwierigkeit verbergen, so werde ich mit der Hilfe Gottes, ohne den wir
nichts vermögen, dies alles ausführlich auseinandersetzen.
Wir besitzen nämlich um so mehr Hilfsmittel zur Unter-
stützung unserer Ansichten, je größer die Zeit ist, die uns
von den Begründern dieser Wissenschaft trennt. Mit ihren
Beobachtungen mag man die unsrigen vergleichen. Schließlich gestehe ich offen: ich lehre vieles anders als meine
Vorgänger, wenngleich auf Grund ihrer eigenen Untersuchungen, mit denen sie den Zugang zu solchen Forschungen
überhaupt erst ermöglicht haben.

Aus dem neunten Kapitel des ersten Buches.

Da sich der Beweglichkeit der Erde nichts in den Weg
stellt, muß man meiner Meinung nach zusehen, ob ihr
auch mehrere Bewegungen zukommen, so daß man sie für
einen Planeten halten kann. Der Mittelpunkt aller Kreisbewegungen kann sie nicht sein, das beweisen die scheinbar
ungleichmäßigen Bewegungen der Planeten und die Veränderlichkeit ihrer Abstände von der Erde, die bei einer
konzentrischen Kreisbewegung um die Erde unverständlich
bleiben muß.

Schreibt man den jährlichen Umlauf der Sonne und
nicht der Erde zu, und räumt man die Unbeweglichkeit
der Sonne ein, so ergeben sich in der nämlichen Weise
Auf- und Untergang der Sternbilder und Fixsterne, durch
die sie Morgen- und Abendsterne werden. Die Stillstände,
das Vorwärts- und Rückwärtsgehen der Planeten scheinen
dann nicht Bewegungszustände der Wandelsterne zu sein,
sondern solche der Erde. Man kommt endlich zur Überzeugung, daß die Sonne ihren Platz im Mittelpunkt der
Welt hat. Dies alles lehrt uns das Gesetz der Aufeinander-

folge und die Harmonie des ganzen Weltalls, wenn wir nur einmal die Sache, wie man so sagt, mit beiden Augen ansehen.

Aus dem zehnten Kapitel des ersten Buches.

Nirgends finde ich es bezweifelt, daß die Fixstern=sphäre die sichtbare Welt nach außen abgrenzt. Die alten Philosophen wollten die Reihenfolge der Planeten nach ihren Umlaufszeiten annehmen und begründeten dies so: Bewegen sich mehrere Körper mit der nämlichen Ge=schwindigkeit, so scheinen diejenigen langsamer weiter=zurücken, die weiter entfernt sind[40]). Man schreibt des=halb dem Mond die kürzeste Um=laufszeit zu, weil er der Erde am nächsten ist, und dem Saturn die größte, weil er am weitesten entfernt ist und sich auf dem größten Kreise bewegt. Dann fol=gen Jupiter und Mars. Über Ve=nus und Merkur sind die Ansichten geteilt, weil sich

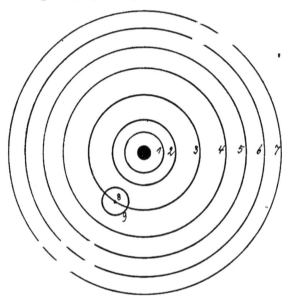

Abb. 2. Das heliozentrische System des Kopernikus.

Um die Sonne im Weltmittelpunkt kreisen Merkur (1), Denus (2), Erde (3), Mars (4), Jupiter (5) und Saturn (6). Die Fixsternsphäre (7) bildet die äußere Grenze. In jedem Punkte (8) ihrer Bahn (3) wird die Erde vom Mond um= kreist (9).

diese Planeten — im Gegensatz zu den andern — nicht durch alle Grade von der Sonne entfernen[41]). Einige nehmen diese beiden Sterne außerhalb der Sonnenbahn an. Befänden sie sich nämlich innerhalb derselben, so müßte man sie — als dunkle Körper, die nur durch auf=fallendes Sonnenlicht leuchtend werden — wegen ihres nicht gerade großen Abstandes von der Sonne halb oder wenigstens nicht ganz rund sehen[42]) (sie würden nämlich

34

das auffallende Licht zumeist seitlich, also nach der Sonne zu werfen, wie wir dies beim zu= oder abnehmenden Monde sehen). Es müßte auch gelegentlich ein Vorbei= gang dieser Planeten vor der Sonnenscheibe (verbunden mit einer teilweisen Minderung des Sonnenlichts) statt= finden. Da man dies bis jetzt noch niemals bemerkt hat [43]), folgert man, die beiden Planeten seien der Erde niemals näher als die Sonne.

Die andern Astronomen, welche Venus und Merkur innerhalb der Sonnenbahn annehmen, stützen ihre Ansicht mit der großen Entfernung zwischen Sonne und Mond. Nach ihrer Meinung beträgt der Abstand der Erde

von dem Mond	64	Erdhalbmesser,
von dem Merkur . . .	177	„
von der Venus	1087	
von der Sonne	1160	„ [44])

Lichtgestalten, wie beim Mond, geben daher diese Astronomen für Venus und Merkur nicht zu, behaupten vielmehr, diese Planeten seien entweder selbstleuchtend oder mit ihrem Körper ganz in Sonnenlicht getaucht. Sie könnten auch das Sonnenlicht nicht vermindern, da sie sich äußerst selten vor die Sonnenscheibe stellten, sondern über oder unter ihr vorbeigingen. Auch seien sie im Verhältnis zur Sonne nur klein, könne doch die den Merkur an Größe noch übertreffende Venus kaum den hundertsten Teil der Sonnenscheibe bedecken. Einen so kleinen Fleck bei dem außerordentlich starken Lichte zu sehen, ist aber nicht leicht. Man entscheidet sich denn also für eine Bewegung der beiden Planeten innerhalb der Sonnenbahn.

Es scheint mir äußerst beachtenswert, was M a r c i a = n u s C a p e l l a [45]) (und einige andere Lateiner) sehr wohl wußte. Nach seiner Ansicht umkreisen Venus und Merkur die im Bahnmittelpunkt befindliche Sonne und können sich von dieser nur so weit entfernen, als es die Krümmung ihrer Bahnen erlaubt. Sie umkreisen gar nicht die Erde wie die andern Planeten, sondern erreichen stets die gleichen, abwechselnd wiederkehrenden seitlichen Ab= stände von der Sonne. Bedeutet das nicht, daß sie die Sonne, den Mittelpunkt ihrer Bahnen, umkreisen? So würde denn in der Tat die Merkurbahn von der mehr als doppelt so großen Venusbahn umschlossen. Benutzt man die Gelegenheit, auch Saturn, Jupiter und Mars auf den= selben Mittelpunkt zu beziehen, insofern man die Größe ihrer Bahnen ins Auge faßt, die auch die Erde enthalten und umschließen, so wird man sich mit der Erklärung für die regelmäßige Ordnung der Bewegungen nicht irren.

Es steht fest, daß diese Planeten der Erde näher sind, wenn sie abends aufgehen (die Erde steht dann zwischen ihnen und der Sonne) und von der Sonne am weitesten ent= fernt sind, als wenn sie abends untergehen (wobei sie von der Sonne verdeckt werden, die zwischen ihnen und der Erde steht). Dies zeigt zur Genüge an, daß ihr Bahnmittel= punkt eher zur Sonne gehört und derselbe ist wie für Venus und Merkur. Da diese alle sich auf e i n e n Mittelpunkt beziehen, so muß der kreis= oder kugelförmige Raum zwischen Venus und Mars die Erde mit ihrem Begleiter Mond (und mit allem, was noch näher ist als dieser) aufnehmen. Wir können nämlich den Mond, der unstreitig der Erde am nächsten ist, in keinerlei Weise von dieser trennen, um so mehr, als sich für ihn in dem erwähnten Raume genug Platz findet. Deswegen behaupten wir ohne Scheu: das Ganze, was der Mond umkreist — die Erde im Bahn= mittelpunkt—, durchläuft jenen Raum zwischen den Planeten in jährlicher Bewegung um die Sonne und bewegt sich um den Weltmittelpunkt, in dem die Sonne unbeweglich ruht; alle Erscheinungen, die sich auf die Sonnenbewegung be= ziehen, finden in der Erdbewegung ihre wahre Erklärung; der Umfang der Welt aber ist so groß, daß der Abstand von Sonne und Erde im Vergleich zur Fixsternsphäre ver= schwindend klein ist, während er zu den Bahnen der andern Planeten eine merkliche Größe besitzt. Ich glaube, das ist leichter zu begreifen, als die Zersplitterung in eine schier unbegrenzte Zahl von Kreisen, wie es die Meinung derer erfordert, die an der Stellung der Erde im Mittelpunkt der Welt festgehalten haben.

Da dies alles schwierig, fast unbegreiflich und im Wider= spruch zur gewöhnlichen Meinung ist, werden wir es — so Gott will — im weiteren Fortschreiten klarer als die Sonne machen, wenigstens denen, die mathematische Kenntnisse besitzen. Unangefochten bleibt das erste Gesetz — niemand wird ein passenderes aufstellen —, daß die Umlaufszeit ein Maß für die Bahngröße gibt. So ordnet sich denn die Reihenfolge der Bahnen, wenn wir außen beginnen, in dieser Weise:

Die erste und äußerste aller Sphären ist die der Fixsterne; sie ist unbeweglich, denn sie ist der Teil des Weltalls, auf den man Bewegung und Stellung aller übrigen Himmelskörper bezieht. Als erster der Planeten folgt Saturn, der in 30 Jahren seinen Umlauf vollendet, dann Jupiter mit einer zwölfjährigen Umlaufsdauer, schließlich Mars, der seine Bahn in zwei Jahren zurücklegt. Die vierte Stelle in der Reihenfolge hat der Jahreskreislauf, in dem die Erde mit der Mondbahn (einem Epizykel) enthalten ist. An fünfter Stelle folgt die Venus, deren Umlaufszeit neun Monate beträgt. Die sechste Stelle nimmt der Merkur ein; er durchläuft seine Bahn in 80 Tagen. In der Mitte von allen aber weilt die Sonne. Könnte jemand in diesem sehr schönen Tempel diese Leuchte an einen andern oder besseren Platz setzen, von dem aus sie das All zugleich erleuchten kann? In der Tat lenkt die Sonne, gleichsam auf königlichem Throne sitzend, die sie umkreisende Familie der Gestirne. So finden wir denn in dieser Anordnung ein bewundernswertes Ebenmaß der Welt und einen sicheren und harmonischen Zusammenhang zwischen Bewegung und Größe der Himmelskörper, wie man ihn sonst nirgends findet. Denn hier kann man bei gründlichem Zuschauen erkennen, warum das Vor- und Rückwärtsgehen beim Jupiter größer als beim Saturn erscheint und ebenso bei der Venus größer als beim Merkur, ferner, warum Saturn, Jupiter und Mars größer erscheinen, wenn sie abends aufgehen, als wenn sie neben der Sonne verschwunden und wieder zum Vorschein gekommen sind. Besonders der Mars scheint, wenn er nachts am Himmel steht, an Größe dem Jupiter gleichzukommen (er unterscheidet sich höchstens durch seine rötliche Farbe); bald darauf aber erscheint er kaum wie ein Stern zweiter Größe, wie man durch sorgfältige Messung am Sextanten erkennt. Und das alles folgt aus derselben Ursache, der Bewegung der Erde. An den Fixsternen bemerkt man nichts von dieser;

37

das erklärt sich aus der gewaltigen Größe ihrer Sphäre, neben der die jährliche Erdbahn oder ihr Abbild für unser Auge verschwindet. (Die Optik lehrt, daß es für alles Sichtbare eine Grenze gibt, über die hinaus man es nicht mehr sehen kann.) Daß zwischen dem Saturn, dem äußersten Planeten, und der Sphäre der Firsterne noch sehr viel vorhanden ist, beweist das Funkeln dieser Gestirne, durch das sie sich am meisten von den Planeten unterscheiden (weil ja zwischen Bewegtem und Unbewegtem der größte Unterschied besteht).

Aus dem elften Kapitel des ersten Buches.

Da also so viele und gewichtige Zeugnisse (von den Planeten abgeleitet) für die Beweglichkeit der Erde sprechen, wollen wir diese Bewegung im ganzen auseinandersetzen, soweit die Erscheinungen durch sie, wie durch eine Hypothese, nachgewiesen werden.

Man muß eine dreifache Bewegung der Erde annehmen: Die erste gibt den Kreislauf von Tag und Nacht und vollzieht sich um die Erdachse von Westen nach Osten, wie man bei der bisherigen Meinung eine Drehung der Welt im entgegengesetzten Sinne angenommen hat. Diese Bewegung beschreibt den Äquator.

Die zweite ist die jährliche Bewegung des Erdmittelpunkts (mit allem, was sich auf ihn bezieht). Sie durchläuft — und zwar in dem gleichen Sinne wie die tägliche Drehung — zwischen Venus und Mars den Tierkreis um die Sonne. Dadurch scheint die Sonne den Tierkreis in ähnlicher Bewegung zu durchlaufen. Geht z. B. der Erdmittelpunkt durch Steinbock, Wassermann usw., so scheint die Sonne durch Krebs, Löwe usw. zu laufen.

Wäre die Erdachse stets unter dem gleichen Winkel zur Verbindungslinie von Sonnen- und Erdmittelpunkt geneigt, so könnte es keine Verschiedenheit in den Tageslängen geben. Es wäre immer „kürzester" oder immer „längster" Tag oder immer Tag- und Nachtgleiche, immer Sommer oder immer Winter. So ergibt sich denn als dritte die Deklinationsbewegung, ebenfalls im Jahreskreislauf, aber entgegengesetzt zur Bewegung des Erdmittelpunktes [46]. Durch die beiden letztgenannten Bewegungen bleibt die

Erdachſe (und ebenſo auch der Äquator) immer nahezu nach der gleichen Himmelsgegend gerichtet, wie wenn ſie unbeweglich wäre. Die Sonne aber ſcheint — wegen der zweiten Bewegung — ſich durch die Schiefe des Tierkreiſes zu bewegen, wie wenn der Erdmittelpunkt auch der Weltmittelpunkt wäre.

IV. Zur Aufnahme der neuen Lehre.

Aus Luthers Tiſchreden.

Es ward gedacht eines neuen Aſtrologi, der wollte beweiſen, daß die Erde bewegt würde und umginge, nicht der Himmel oder das Firmament, Sonne und Mond, gleich als wenn einer auf einem Wagen oder in einem Schiff ſitzt und bewegt wird, meynete, er ſäße ſtill und ruhet, das Erdreich aber und die Bäume gingen und bewegten ſich. Aber es gehet jetzt alſo: wer da klug will ſein, der muß ihm etwas Eigenes machen, das muß das allerbeſte ſein, wie er's machet. Der Narr will die ganze Kunſt Astronomiae umkehren. Aber wie die heilige Schrift anzeigt, ſo hieß Joſua die Sonne ſtillſtehen und nicht das Erdreich.

Aus den „Anfangsgründen der Naturlehre" von Melanchthon[47]).

1549.	1550.

Unſere Augen bezeugen es, daß ſich der Himmel in 24 Stunden herumbewegt.

Und da haben nun einige, entweder aus Neuerungsſucht, oder um ihren Witz zu zeigen, ſich ausgelaſſen, die Erde bewege ſich. Sie beſtehen darauf,	Und da haben ſich nun einige ausgelaſſen, die Erde bewege ſich. Sie ſagen,

weder die achte Sphäre noch die Sonne bewege ſich. Sie ſchreiben nämlich den übrigen Himmelskörpern eine

Bewegung zu und verſetzen auch die Erde unter die Ge=
ſtirne.

Dieſe Scherze ſind nicht ein=
mal erſt neuerdings aus=
gedacht.

Wir beſitzen noch das Buch des Archimedes über die
Sandrechnung, in welchem er erzählt, Ariſtarch von
Samos habe das Unbegreifliche gelehrt: die Sonne ſtehe
unbeweglich, und die Erde bewege ſich um ſie.

Wenn auch ſcharfſinnige Meiſter vieles unterſuchen,
um den Witz zu üben,

ſo iſt es doch nicht ſchicklich, ſo ſollten doch die jungen
widerſinnige Meinungen offen Leute wiſſen, daß ſie ſolches
und frei im Ernſt zu be= nicht im Ernſt behaupten
haupten. Es iſt ein Zeichen wollen. Sie ſollen ſich im
von guter Geſinnung, die von erſten Unterricht an die üb=
Gott gezeigte Wahrheit ehr= lichen Meinungen nach der
fürchtig aufzunehmen und gemeinſamen Zuſtimmung der
ſich mit ihr zu beruhigen. Meiſter gewöhnen, die durch=
aus nicht ſo ſeltſam ſind, und
wo ſie lernen, die Wahrheit
ſei von Gott gezeigt; ſie ſollen
ſie ehrfürchtig aufnehmen und
ſich mit ihr beruhigen.

Manche Phyſiker verlachen zwar einen, der göttliche
Zeugniſſe anführt. Trotzdem halten wir es für angebracht,
Naturwiſſenſchaft und Bibel zur Beurteilung zuſammen=
zuſtellen und wegen der großen Dunkelheit des menſch=
lichen Verſtandes uns bei dem göttlichen Ausſpruche Rats
zu erholen, wo wir es nur immer können. Aufs deutlichſte
verſichert uns ein Pſalm, daß die Sonne ſich bewegt. Mit
dieſem klaren Zeugnis über die Sonne müſſen wir uns
zufrieden geben. Von der Erde ſagt ein anderer Pſalm:
„der du das Erdreich gegründet haſt auf ſeinen Boden,
daß es bleibt immer und ewiglich". Und der Prediger
Salomo ſagt im erſten Kapitel: „Die Erde aber ſtehet
ewiglich, die Sonne gehet auf und unter...." Durch dieſe
göttlichen Zeugniſſe beſtärkt, wollen wir die Wahrheit
feſthalten

und nicht dulden, daß durch die Gaukeleien von Leuten, die es noch für eine Ehren= sache halten, die Wissen= schaften durcheinanderzubrin= gen, die Wissenschaften ver= wirrt und wir von der Wahr= heit abgezogen werden.

Bei der Umdrehung eines Kreises bleibt der Mittel= punkt unbeweglich, das ist allgemein bekannt. Die Erde befindet sich aber im Mittelpunkt der Welt, ganz wie das Zentrum des Weltalls, also ist die Erde unbeweglich.

Aus einem Briefe des Tycho Brahe [48]) (1589).

Die Ansicht des Kopernikus von den drei Erdbewegungen sagt Dir [49]) anscheinend zu. Ich will Dir darum gegen jeden einzelnen Punkt einen höchst einfachen Einwand erheben, obwohl es leicht wäre, eine ganze Reihe vorzubringen. Da ist zunächst die tägliche Achsendrehung, die in 24 Stunden vor sich gehen und den Lauf der Gestirne von Ost nach West erklären soll! Nun sage mir, wie kann denn eine Bleikugel, die man von einem recht hohen Turm in passender Weise fallen läßt, den genau lotrecht unter ihr liegenden Punkt der Erde treffen? Eine einfache mathematische Überlegung zeigt Dir, daß dies bei bewegter Erde voll= kommen unmöglich ist. Selbst bei unserer hohen geo= graphischen Breite müßte sich ein Erdpunkt in einer Sekunde noch um etwa 150 Doppelschritte [50]) weiter drehen. Damit rechne Dir das übrige aus! Das fallende Bleistück folgt zudem nicht der Luft, sondern durchschneidet sie gewaltsam.

Nun die zweite jährliche Bewegung — nach der die Fixsternsphäre so groß sein müßte, daß die Erdbahn im Vergleich dazu verschwinden würde! Sage mir das eine! Hältst Du es für wahrscheinlich [51]), daß der Saturn von der Fixsternsphäre siebenhundertmal so weit entfernt ist als von der Sonne, dem angeblichen Weltmittelpunkt? Dann müßten die Fixsterne dritter Größe einen Umfang wie die Erdbahn haben! Und gar die von der ersten Größe, deren scheinbarer Durchmesser zwei= oder dreimal so groß ist. Verfolge dies, bitte, einmal mathematisch[52]). Du wirst dann sehen, zu welchen Sinnlosigkeiten man bei dieser Betrachtungsweise — von andern gar nicht zu reden! — geführt wird.

Die dritte Erdbewegung? Nun, die fällt von selbst mit der eben erwähnten[53]). Sollte sie aber Deiner Meinung nach doch neben der zweiten bestehen können, so muß ich Dich fragen: Wie kann die Erdachse jahraus, jahrein sich so entgegengesetzt zur Bewegung ihres Mittelpunktes drehen, daß sie zu ruhen scheint? Wie in aller Welt ist das möglich? Und noch dies: Wie können Achse und Zentrum zwei v e r s c h i e d e n e Bewegungen ausführen, gar nicht zu reden von jener dritten, die durch die tägliche Rotation dazukommen soll?

Aus Keplers[54]) Schrift „Das Geheimnis des Weltbaus" (1596).

Lieber Leser, ich habe mir vorgenommen, in diesem Büchlein zu beweisen, daß der Schöpfer bei der Erschaffung dieser beweglichen Welt und bei der Verteilung der Himmels=körper jene fünf regelmäßigen Körper beachtet hat, die seit P y t h a g o r a s und P l a t o so sehr berühmt sind, und daß er ihrer Natur die Zahl, die Verhältnisse und das Be=wegungssystem der Himmelskörper angepaßt hat.

- - - - - - -

Den ersten Glauben erweckte mir jene höchst wunder=bare Übereinstimmung aller Himmelserscheinungen mit den Lehrsätzen des K o p e r n i k u s. Diese rechnen nämlich, wie er zeigte, nicht allein die vergangenen Bewegungen aus dem frühesten Altertum rückwärts, sondern sie sagen auch die künftigen voraus, zwar nicht mit vollkommener Sicherheit, aber immerhin mit einer, die größer ist als die von P t o l e m ä u s, A l p h o n s[55]) und andern er=reichte.

Das aber fiel für mich noch weit mehr ins Gewicht, daß K o p e r n i k u s allein unter allen über die Dinge Aufschluß gibt, die wir bei andern eigentlich nur anstaunen können, und daß er den Grund des Anstaunens, nämlich die Unkenntnis der Ursachen, beseitigt. — — — — — —

Die Erdbahn liefert die Grundsphäre für alle andern. Beschreibe um sie das Dodekaëder [56]). Die Sphäre, die dieses umschließt, enthält die Bahn des Mars. Lege um sie das Tetraëder. Die Sphäre, die diesen Körper umschließt, gehört dem Jupiter. Lege um sie den Würfel. Seine Ecken bestimmen die Sphäre des Saturn.

Lege dann in die Erdsphäre das Ikosaëder. Die Sphäre, die in dieses eingefügt werden kann, gehört der Venus. Lege in ihre Sphäre das Oktaëder. Die ihm eingefügte Sphäre enthält die Bahn des Merkur. So erhältst du den Grund für die Anzahl der Planeten.

Aus einem Briefe [57]) Galileis an Kepler (4. August 1597).

Wahrlich, ich schätze mich sehr glücklich, an Dir einen Genossen im Aufspüren der Wahrheit, ja sogar einen Freund der Wahrheit zu haben. Es ist recht erbärmlich, daß die Wahrheitsucher so selten sind und ebenso auch die Männer, die die verkehrte Philosophenmethode ablegen möchten. Doch ich will hier nicht über die Jämmerlichkeiten unseres Zeitalters wehklagen, sondern Dich vielmehr zu Deinen wunderschönen Entdeckungen — Stützen für die Wahrheit — beglückwünschen. Ich will Dir darum auch versprechen, daß ich Dein Buch getrosten Mutes lesen werde, in der Gewißheit, viel Gediegenes darin zu finden. Ich werde es um so lieber tun, weil ich mich vor vielen Jahren der Lehre des Kopernikus angeschlossen habe. Sie erklärt mir nämlich die Ursachen vieler Naturvorgänge, die nach den gewöhnlichen Annahmen nicht zu deuten sind. Ich habe viele Beweise zur Widerlegung dieser landläufigen Ansichten niedergeschrieben, doch wage ich es nicht, sie zu veröffentlichen. Ich möchte nicht das Geschick unseres Meisters Kopernikus teilen, der sich zwar bei einigen unsterblichen Ruhm erworben hat, dafür aber bei ungeheuer vielen — die Zahl der Toren ist unermeßlich! — dem Spotte und der Lächerlichkeit verfallen ist. Wenn es mehr Leute Deines Schlages gäbe, würde ich meine Überlegungen veröffentlichen; so aber unterlasse ich es lieber.

Aus dem Antwortschreiben Keplers (13. Oktober 1597).

Indem Du auf Dein persönliches Beispiel hinweisest, mahnst Du mich weise und versteckt, daß man vor der allgemeinen Unwissenheit zurückweichen muß und sich auch nicht unvorsichtig dem Wüten der Lehrer der großen Masse aussetzen und entgegenstellen darf. Da in unserem Jahrhundert zuerst von Kopernikus und andern hochgelehrten Mathematikern die Grundlage zu dem gewaltigen Werk geschaffen worden ist, und die Lehre von der Erdbewegung andererseits nicht mehr ganz neu ist, würde es sich vielleicht doch mehr empfehlen, mit vereinten Kräften den Wagen, der schon in Bewegung ist, ohne Unterlaß zum Ziele zu treiben, um den großen Haufen, der ja doch auf das Gewicht der Gründe weniger sieht, mit Autoritäten mehr und mehr zu überschütten und ihn auf diese Weise vielleicht durch Überlistung zur Erkenntnis der Wahrheit zu leiten. Du könntest Deine Genossen, die unter so vielen ungerechten Urteilen leiden, durch Deine Beweisführung unterstützen. Sie würden durch Deine Zustimmung Trost und durch Deine Autorität Schutz finden. Nicht nur Deine Italiener wollen die Erdbewegung nicht glauben, da sie sie ja nicht fühlen, sondern auch hier in Deutschland setzen wir uns mit dieser Lehre nicht in sonderliche Gunst.

Fasse Mut, Galilei, und tritt an die Öffentlichkeit! Wenn ich recht vermute, so werden nur wenige von den berühmten Mathematikern Europas sich von uns trennen wollen, da die Wahrheit mächtige Gewalt hat. Wenn Dir Italien weniger zur Veröffentlichung geeignet deucht, und Du etwa Hindernisse findest, so wird uns vielleicht Deutschland diese Freiheit gewähren [58].

Aus der „Neuen Astronomie" von Kepler (1609).

Großmächtigster Kaiser! Einen hochedeln Gefangenen bringe ich jetzt endlich zur öffentlichen Schaustellung in die Gewalt Ew. Majestät. Nun liegt er in den Fesseln der Rechnung, er, der so oft den Händen und Augen der Astronomen entronnen ist und die Vorausberechnungen von höchster Wichtigkeit zunichte gemacht hat. Alle Untersuchungen der Astronomen hat er verlacht, ihre Werkzeuge zerstört und die feindlichen Scharen niedergeworfen. Das Geheimnis seiner Herrschaft hat er in der Vergangenheit wohlverwahrt gehütet und seinen Lauf ohne Zwang und Einschränkung genommen. Deshalb klagte schon der berühmte Plinius: „Das Marsgestirn läßt sich nicht beobachten."

Der Glaube an die Macht unseres Feindes erhielt sich besonders durch die allgemeine Überzeugung und Furcht. Nun hat mich aber die Erfahrung gelehrt, daß es zwischen Stern und Stern oder Feind und Feind so wenig einen Unterschied gibt, wie zwischen Mensch und Mensch. Darum glaubte ich, man solle ein Gerücht, durch das irgendeine ungewöhnliche Behauptung über ein Wesen blindlings verbreitet wird, nicht so unbesehen annehmen.

Hohes Lob verdient die Sorgfalt, die Tycho Brahe[59]) bei diesem Feldzug betätigt hat. In den Nächten von fast 20 Jahren hat er die Gewohnheiten unseres Gegners ausgekundschaftet, seine Kriegführung studiert, seine Pläne enthüllt und in den Büchern niedergeschrieben, die er hinterlassen hat. Als ich das Ziel von Brahe weiter verfolgte, verging mir — durch diese Bücher belehrt — die Furcht vor dem schon teilweise bekannten Feinde. Ich verzeichnete sorgsam die Stellen, an die er zurückzukehren pflegte, und richtete auf diese sicheren Ziele die mit seinen Distieren ausgestatteten Maschinen von Brahe. Es war eine saure Arbeit!

Als der Feind sah, wie fest ich bei meinem Vorhaben beharrte, fühlte er sich nirgends mehr in seinem Reiche ruhig und sicher. Er ließ sich auf Friedensverhandlungen ein und erkannte mich als seinen Besieger an.

Aus dem Werke des Tycho Brahe „Über die neueren Himmelserscheinungen" (1610) [60]).

Nach meiner Meinung unterliegt es keinem Zweifel, daß die Erde, die wir bewohnen, sich im Weltmittelpunkt befindet und sich nicht in jährlicher Bewegung herumdreht, wie es Kopernikus annahm. Die alten Astronomen und die verbürgten Meinungen der Physiker sprechen für

45

meine Anſicht, und die heiligen Schriften beſtätigen ſie
überdies noch. Nach meinem Gutdünken ſind die Himmels=
bewegungen derart geregelt, daß die beiden Leuchten der
Welt — Sonne und Mond —, die zur Regelung der Zeiten
dienen, ſich ebenſo wie die Fixſternſphäre, die am größten
iſt und alle anderen Sphären einſchließt, die Erde als Mittel=
punkt ihrer Bewegungen haben. Ich behaupte ferner, daß
die übrigen fünf Planeten um den Sonnenball — den
eigentlichen König und Führer —, ihre Kreiſe beſchreiben
und ihn bei ſeiner Bewegung immer in der Mitte ihrer

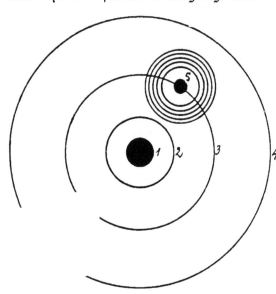

eigenen Umdrehun=
gen behalten, und
zwar in der Weiſe,
daß auch die Mittel=
punkte der Kreiſe,
die ſie um den Son=
nenball beſchreiben,
bei deſſen Jahres=
umlauf mitbewegt
werden. Ich habe
nämlich gefunden,
daß dies nicht allein
bei Venus und Mer=
kur — wegen ihrer
geringen Abwei=
chungen von der
Sonne — ſich ſo
verhalten muß, ſon=
dern auch bei den
drei anderen äuße=
ren Planeten. Ge=

Abb. 3. Das Weltſyſtem des Tycho Brahe.
Um die Erde (1) kreiſen Mond (2) und Sonne (3). Die
Fixſternſphäre (4) bildet die äußere Grenze. In jedem
Punkte (5) ihrer Bahn wird die Sonne von Merkur, Venus,
Mars, Jupiter und Saturn (von innen nach außen!) um=
kreiſt.

rade dieſe drei umſchließen — vermöge des großen Abſtandes
ihrer Bahnen von der Sonne — die Erde und die ganze
Elementarwelt gemeinſam mit dem benachbarten Mond.
    Der ganzen ſichtbaren Ungleichmäßigkeit der Bewegung,
der die Alten mit Epizykeln gerecht werden, K o p e r n i =
k u s aber mit dem jährlichen Lauf der Erde, wird höchſt
zweckmäßig durch dieſe Verknüpfung des Zentrums der
Planetenkreiſe an die Sonne Genüge geleiſtet. Für das
Stillſtehen und Rückläufigwerden der Planeten, für die

46

Vergrößerung und Verkleinerung ihres Erdabstandes, für die Schwankung der scheinbaren Größe und für die übrigen Erscheinungen dieser Art bietet sich ausreichende Gelegenheit zur Erklärung. Sobald wir eigens über diese Hypothese verhandeln werden, werden wir beweisen, daß ihr alle Planetenerscheinungen ganz vorzüglich beipflichten und besser mit ihr als mit den anderen bisher vorgebrachten Systemen übereinstimmen.

V. Galilei und sein Kampf um das Weltsystem.

Aus Galileis Schrift „Der Sternenbote" (1610) [61]).

Wir wollen noch — und das darf man meines Erachtens als die Hauptsache dieser ganzen Veröffentlichung ansehen — von den vier Planeten eingehend sprechen, die seit Erschaffung der Welt bis zu unsern Tagen nicht erblickt worden sind. Die Astronomen will ich aber zuvor nochmals darauf aufmerksam machen, daß man für diese Untersuchung ein sehr genaues Fernrohr braucht, wenn man einen Mißerfolg vermeiden will.

Als ich in der ersten Stunde der Nacht, die auf den 7. Januar dieses Jahres 1610 folgte, die Gestirne mit dem Fernrohr betrachtete, bot sich mir der Jupiter dar. Da ich mir ein in hohem Maße vorzügliches Instrument bereitet hatte, sah ich drei Sternchen bei ihm stehen, die zwar sehr klein, aber gleichwohl sehr hell waren. Ich mußte sie zunächst für Fixsterne halten; sie erweckten aber doch einigermaßen mein Staunen, da man sie in gerader Linie und zur Ekliptik parallel sah, auch waren sie glänzender als andere Sterne gleicher Größe. Untereinander und zu Jupiter waren sie so gruppiert:

Osten   ✳   ✳   ○   ✳   Westen

Zwei Sterne standen östlich, einer westlich. Der östlichere und der westliche erschienen etwas größer als der dritte. Um die gegenseitigen Abstände kümmerte ich mich keineswegs, dachte ich doch, wie gesagt, zunächst an Fix=

sterne. Wie ich aber acht Tage später — ich weiß selbst nicht warum — wieder dorthin schaute, fand ich eine ganz andere Gruppierung: alle drei Sternchen standen jetzt westlich, und zwar näher am Jupiter und unter sich, als in der früheren Nacht. Die Zwischenräume waren gleich. Es sah also so aus:

Osten   O   *   *   *   Westen

Mit großer Sehnsucht wartete ich die folgende Nacht ab. Meine Hoffnung wurde aber getäuscht, der Himmel war allseitig mit Wolken überzogen. Am zehnten Tage erschienen die Sterne in dieser Stellung:

Osten   *   *   O   Westen

Nur zwei waren vorhanden, und zwar auf der Ostseite, der dritte war, so vermutete ich, durch den Jupiter ver= deckt. Wie früher, standen sie mit Jupiter in gerader Linie. Da ich einsah, daß man dem Jupiter in keiner Weise diese Veränderungen zuschreiben könne, und auch erkannte, daß die geschauten Sterne überdies immer dieselben waren, so löste sich mein Zweifel in Bewunderung auf: ich hielt für gewiß, jene sichtbare Veränderung liege nicht beim Jupiter, sondern bei besagten Sternen.

Am dreizehnten Tage erblickte ich erstmals vier Sterne in folgender Stellung um Jupiter:

Osten   *   O *[*]*   Westen

Drei standen westlich und einer östlich; sie bildeten nahezu eine gerade Linie; von einer solchen wich nämlich nur der mittlere Stern der Westseite ein klein wenig nach Norden ab.

Dies [62]) sind die Beobachtungen der vier Mediceischen Planeten [63]), die unlängst zum ersten Male von mir ent= deckt worden sind. Obgleich die Umläufe zahlenmäßig noch nicht festgelegt werden konnten, sei wenigstens einiges hier ausgesprochen, was Beachtung verdient. Da diese Sterne dem Jupiter bald vorauseilen, bald nachfolgen und sich von ihm bald gen Osten, bald gen Westen in nur

48

sehr kleinen Ausweichungen entfernen, kann es niemand zweifelhaft sein, daß sie um ihn ihren Umlauf vollziehen, während sie sich gleichzeitig in zwölf [64]) Jahren um den Weltmittelpunkt herumbewegen. Sie laufen überdies in ungleichen Kreisen um den Jupiter. Das geht deutlich daraus hervor, daß man bei den größten Ausweichungen vom Jupiter niemals zwei von den Sternen vereinigt sehen konnte. Man erkennt noch obendrein, daß die Sterne, die in engeren Bahnen um den Jupiter herumlaufen, sich rascher bewegen.

Wir haben ein höchst vortreffliches und ausgezeichnetes Beweismittel, um all denen ihre Zweifel zu beseitigen, die beim kopernikanischen System die Planetenbewegung um die Sonne ruhig hinnehmen, aber von der Bewegung e i n e s Mondes um die Erde so verwirrt werden, daß sie meinen, man müsse deshalb dieses Weltsystem als unmöglich über den Haufen werfen. Jetzt nämlich haben wir es nicht nur mit e i n e m Planeten zu tun, der sich um einen andern bewegt, sondern gleich mit v i e r Wandelsternen, die sich um den Jupiter — wie der Mond um die Erde — bewegen und mit diesem zugleich in zwölf Jahren um die Sonne herumlaufen.

Aus einem Briefe Galileis an Kepler (19. August 1610).

Durch Deine selbständige Denkweise und Deinen hohen Sinn bist Du der erste und eigentlich einzige Ge= lehrte, der meinen Mitteilungen völlig glaubt. In Pisa und Florenz, in Bologna, Venedig und Padua haben viele die Planeten gesehen, aber sie schweigen sich alle darüber aus und sind mit sich selbst im Zweifel. Die meisten lassen nämlich weder Jupiter noch Mars, ja nicht einmal den Mond als Planeten gelten. In Venedig ist einer gegen mich aufgetreten und hat sich gebrüstet, er wisse es ganz genau, meine Jupitertrabanten — er hatte sie öfters be= obachtet — seien gar keine Planeten, man erblicke sie ja immer bei Jupiter, manchmal alle, meist aber einige vor und einige hinter ihm. Was ist da zu machen? Wollen wir es mit D e m o k r i t [65]) oder H e r a k l i t halten?

Ich meine, lieber Kepler, wir lachen über die gewaltige Dummheit dieses Volks! Und was sagst Du dazu: Die ersten Philosophen der hiesigen Fakultät, denen ich tausend= mal freiwillig meine Untersuchungen vorführen wollte, weigerten sich mit der beharrlichen Trägheit einer voll= gefressenen Schlange, Planeten, Mond oder Fernrohr zu sehen. Fürwahr, wie jene ihre Ohren, so verschließen diese ihre Augen vor dem Lichte der Wahrheit. Diese Menschensorte meint, die Philosophie sei ein Buch wie die Äneis oder die Odyssee, und man müsse die Wahrheit nicht in der Welt oder in der Natur suchen, sondern — um mit ihren eigenen Worten zu reden — in der Vergleichung der Texte! Du würdest hell aufgelacht haben, wenn Du gehört hättest, was für Dinge der erste Philosoph der Uni= versität Pisa in Gegenwart des Großherzogs gegen mich ins Feld führte, wie er sich anstrengte, mit logischen Aus= einandersetzungen wie mit magischen Beschwörungsformeln die neuen Planeten vom Himmel wegzudisputieren!

Aus einem Briefe Galileis an Giuliano di Medici [66]) (1. Januar 1611).

Venus und Merkur müssen sich unbedingt um die Sonne drehen. Pythagoras, Kopernikus, Kepler und ihre Anhänger haben das bezüglich aller Planeten geglaubt, aber es konnte nicht so offenbar bewiesen werden, wie jetzt für Venus und Merkur. Kepler und die andern Kopernikaner dürfen deshalb nunmehr stolz darauf sein, richtig geglaubt und philosophiert zu haben, wie= wohl es Anstoß erregen mag, daß sie von der Zunft der Buchgelehrten für recht unverständig, wenn nicht sogar für töricht gehalten werden [67]).

Aus dem Briefe Galileis an Castelli [68]) vom 21. Dezember 1613.

Die heilige Schrift kann niemals täuschen oder irren, ihre Aussprüche sind unbedingt und unveränderlich wahr. Kann zwar die Bibel selbst nicht irren, so kann man doch bei ihrer Auslegung auf die verschiedenste Art irren. So wäre es ein derartiger Irrtum — und noch dazu ein sehr schwerer

und bedenklicher —, wenn wir immer die eigentliche Be=
deutung der Worte gelten laſſen wollten: es kämen allerlei
Widerſprüche, böſe Ketzereien und Gotteslästerungen heraus.
Wir müßten nämlich dann Gott Hände, Füße, Ohren zu=
ſchreiben und ebenſo menſchliche Empfindungen, wie Zorn,
Reue, Haß, ſogar Vergeſſen der Vergangenheit und Un=
kenntnis der Zukunft. So iſt die Bibel an vielen Stellen
einer Auslegung zugängig und bedürftig, die nicht gerade
am buchſtäblichen Sinne des Wortes haftet. Darum ſcheint
es mir, man ſolle der heiligen Schrift bei mathematiſchen
Streitfragen den letzten Platz anweiſen. Sie und die Natur
entſtammen dem göttlichen Worte, jene vom heiligen Geiſte
eingegeben, dieſe als Vollzug der göttlichen Gebote. Um
ſich dem gewöhnlichen Faſſungsvermögen der Menſchen an=
zupaſſen, muß die Bibel manches ſagen, was wortwörtlich
genommen von der reinen Wahrheit abzuweichen ſcheint.
Die Natur dagegen iſt unerbittlich und unveränderlich, ſie
kümmert ſich nicht darum, ob ihre verborgenen Urſachen
und Wirkungen dem Verſtande des Menſchen, um deſſen
willen ſie nie von ihren vorgezeichneten Grenzen abweicht,
faßlich ſind oder nicht. Aus dieſen Gründen braucht man,
wie mir ſcheint, keine Wirkungen der Natur (die wir aus
verſtändiger Beobachtung oder aus zwingenden Schlüſſen
kennen) in Frage zu ſtellen mit Rückſicht auf Bibelſtellen,
die ihrem Wortlaute nach ſcheinbar etwas anderes ſagen.
Es iſt ja nicht jeder Ausſpruch der Bibel an ſo ſtrenge Geſetze
gebunden wie jedes Werk in der Natur.

Zwei Wahrheiten können ſich niemals widerſprechen.
Darum müſſen ſich die weiſen Ausleger der heiligen Schrift
bemühen, den wahren Sinn der Bibelſtellen herauszufinden,
der übereinſtimmt mit den naturwiſſenſchaftlichen Schlüſſen,
die ſich aus der ſicheren Wahrnehmung und zwingendem
Beweiſe ergeben. Da nun die Bibel trotz ihrer Eingebung
durch den heiligen Geiſt an vielen Stellen die freiere Aus=
legung zuläßt, und da wir die göttliche Eingebung nicht für
alle Ausleger mit Sicherheit behaupten können, ſo wäre es
meines Erachtens klug gehandelt, wenn man niemandem die
Verwendung von Stellen aus der heiligen Schrift geſtattete,
damit man nicht gewiſſermaßen genötigt wird, für die
Wahrheit naturwiſſenſchaftlicher Schlüſſe einzutreten, von

denen man später durch Beobachtung und zwingende Gründe gerade das Gegenteil beweisen kann. Will jemand dem menschlichen Verstande Grenzen ziehen? Kann jemand sagen: Wir wissen schon alles, was in der Welt gewußt werden kann?

Mein Glaube neigt dahin: die Autorität der heiligen Schrift hat den Zweck, die Menschen von jenen Sätzen zu überzeugen, deren sie für ihr Seelenheil bedürfen, und die — über alles menschliche Denken erhaben — durch die Offenbarung durch den heiligen Geist glaubhaft werden und nicht etwa durch eine Wissenschaft oder sonst ein anderes Mittel. Derselbe Gott, der uns mit Sinnen, Verstand und Denkvermögen ausgerüstet hat, soll deren Gebrauch nicht erlauben und uns durch andere Mittel die Kenntnisse beibringen wollen, die wir doch mit diesen Eigenschaften selbst erlangen können? Das brauche ich wohl nicht notwendigerweise zu glauben, meine ich; vor allem aber nicht bezüglich derjenigen Wissenschaften, die nur in geringen Bruchstücken und in verschiedenen Fassungen in der Bibel vorkommen, wie dies bei der Astronomie der Fall ist, von der nur so wenig sich vorfindet, daß nicht einmal alle Planeten aufgeführt sind. Hätten die ersten heiligen Schriftsteller das Volk über Stellung und Lauf der Himmelskörper belehren wollen, so hätten sie doch wohl nicht so wenig davon gesagt, daß es geradezu verschwindet vor den zahlreichen bewunderungswürdigen Sätzen, die jene Wissenschaft einschließt.

Sie erkennen daran, wenn ich mich nicht täusche, das falsche Verfahren derjenigen, die in naturwissenschaftlichen Streitfragen, die mit dem Glauben gar keinen unmittelbaren Zusammenhang haben, Bibelstellen ins Treffen führen, die oft noch gründlich mißverstanden sind. Wer die wahre Ansicht vertritt, kann tausend Beobachtungen und zwingende Darlegungen vorbringen, der andere aber nur Fehlschlüsse, Täuschungen und Trugschlüsse. Wer die Wahrheit auf seiner Seite hat, besitzt vor dem Gegner einen großen, ja den allergrößten Vorteil. Zwei Wahrheiten können sich aber nicht widersprechen. Wir brauchen aus diesen Gründen keinen Angriff zu fürchten, sofern es uns möglich ist, zu reden und von Leuten gehört zu werden,

die uns zu verstehen vermögen und nicht von falschen
Leidenschaften und Interessen völlig beherrscht sind.

Aus dem Briefe Galileis an Christina von Lothringen (1615) [69].

Bezüglich des Stillstehens oder der Bewegung von
Sonne und Erde muß die Bibel sich dem Fassungsvermögen
des Volkes anpassen und erzielt dies auch, wie die Erfahrung bestätigt, durch die gewählte Ausdrucksweise. Auch
heute noch hat das Volk, obgleich es nicht mehr so ungebildet
ist, die nämliche Ansicht. Es davon abzubringen, wäre
vergeblich, da es die Gegengründe nicht zu verstehen vermag.
Wäre für die Gelehrten der ruhende Himmel und die bewegte Erde mit Sicherheit bewiesen, so müßte man sich
doch der großen Masse gegenüber anders ausdrücken. Würde
man tausend Leute befragen, so erhielte man wohl kaum
von einem die Antwort, er glaube mit Bestimmtheit an die
Bewegung der Erde und den Stillstand der Sonne. In
dieser übereinstimmenden Anschauung darf man aber trotzdem keinen Beweis für ihre Richtigkeit erblicken. Verlangen wir von diesen Leuten eine Begründung, und sehen
wir uns ferner die Erkenntnisse und Erfahrungen an, mit
denen eine kleine Schar die gegenteilige Meinung stützt,
so finden wir: diese wenigen haben sehr gewichtige Beweisgründe, die andern aber berufen sich nur auf den Augenschein und auf Beobachtungen, die nichts beweisen. Die
Bibel muß darum offenbar von ruhender Erde und bewegter Sonne sprechen. Das Volk würde sonst bei seiner
geringen Fassungskraft verwirrt gemacht und bei den
Wahrheiten ungern zustimmen, die am wichtigsten und
reine Glaubenssache sind.

Ich will noch hinzufügen: nicht nur die geringe
Fassungskraft des Volkes, sondern auch die allgemeine
Anschauung jener Zeiten ist der Grund dafür, daß die
heiligen Schriften bei allem, was zur Seligkeit nicht eigentlich notwendig ist, mehr die landläufige Ausdrucksweise als
den tatsächlichen Sachverhalt berücksichtigen.

Nun kann man sagen: Ein Satz der Bibel, der sich auf
Dinge aus der Natur bezieht, wird durch die Übereinstim-

mung, mit der ihn alle Väter verstanden haben, so sicher, daß er als Glaubenssatz anzusehen ist. Nach meiner Meinung kann dies höchstens in solchen Dingen gelten, bei denen viele Väter die sorgfältigsten Untersuchungen und Er= örterungen vorgenommen, die Gründe für die eine und die andere Anschauung genau abgewogen und sich dann alle dafür entschieden haben, die eine Ansicht sei bei= zubehalten, die andere zu verwerfen. Erdbewegung und Sonnenstillstand gehören aber nicht zu diesen Dingen.

Die alten Väter haben anerkanntermaßen keine be= sondere Untersuchung vorgenommen, man könnte sie aber durch die derzeitigen Gelehrten anstellen. Nach einer Prüfung der Erfahrungen, Beobachtungen, Gründe und Beweisführungen, die die Philosophen und Astronomen für die eine und die andere Ansicht vorbringen, könnten sie mit ausreichender Sicherheit das festsetzen, was ihnen die göttlichen Offenbarungen eingeben werden.

Wenn Leute, die sich der Kirche ganz unterwerfen, statt des Verbots einer Meinung nur die Erlaubnis zur Vorlage der Dinge fordern, die der Kirche eine gesichtertere Entscheidung ermöglichen, so sind solche Leute um die Ehre der h. Kirche weit mehr besorgt als die anderen, die in selbstsüchtiger Verblendung oder in böswilliger Absicht ver= langen, die Kirche solle ohne weiteres das Schwert schwingen, weil sie dazu ja berechtigt sei, — ohne zu bedenken, daß es nicht immer ratsam ist, das alles zu tun, wozu man die Macht hat.

Diese Leute sollen sich erst die Mühe nehmen, die Gründe des Kopernikus und der andern zu wider= legen, und es dann der zuständigen Stelle überlassen, die Meinung als irrig oder ketzerisch zu verdammen. Sie müssen aber die Hoffnung fahren lassen, bei den um= sichtigen und weisen Vätern und bei der unbedingten Weis= heit dessen, der nicht irren kann, jene raschen Entschlüsse zu finden, zu denen sie sich von ihrer Leidenschaft und Selbst= sucht würden hinreißen lassen.

Solange man die Wahrheit eines Satzes noch für möglich hält, ist seine Verdammung als Ketzerei unmöglich. Das Bestreben derer, die die Lehre von der Erdbewegung und dem Sonnenstillstand verdammen möchten, muß daher so lange vergeblich sein, als sie nicht den Beweis für die Unmöglichkeit und Falschheit dieser Lehre erbracht haben.

Das Gutachten [70]) über die Lehre des K o p e r n i = k u s vom 23. Februar 1616 [71]).

E r s t e r S a t z: Die Sonne ist der Mittelpunkt der Welt und deshalb unbeweglich.

G u t a c h t e n: Alle bezeichneten diesen Satz — philo= sophisch betrachtet — als töricht und sinnlos und als formell ketzerisch, sofern er ausdrücklich Sätzen, die in der h. Schrift mehrfach vorkommen, dem eigentlichen Wortlaute nach und nach der allgemeinen Auslegung und Auffassung der heiligen Väter und der theologischen Doktoren widerspricht.

Z w e i t e r S a t z: Die Erde ist nicht der Mittelpunkt der Welt und nicht unbeweglich, sondern sie bewegt sich — auch in der täglichen Bewegung — um sich selbst.

G u t a c h t e n: Alle erklärten, für diesen Satz gelte hin= sichtlich der Philosophie das nämliche Gutachten, theologisch betrachtet enthalte er mindestens einen Glaubensirrtum.

Aus dem Indexerlaß vom 5. März 1616.

Die h. Kongregation [72]) hat in Erfahrung gebracht, daß die falsche, der heiligen Schrift völlig widersprechende Lehre der Pythagoräer [73]) von der beweglichen Erde und der unbeweglichen Sonne, wie sie K o p e r n i k u s und D i d a c u s a S t u n i c a [74]) vortragen, gegenwärtig ver= breitet und vielfach angenommen wird (wie man aus dem gedruckten Briefe sehen kann, in dem der Karmeliterpater F o s c a r i n i [75]) nachweisen will, die Lehre sei wahr und widerspreche der heiligen Schrift nicht). Damit sich eine derartige Lehre nicht zum Schaden der katholischen Wahrheit ausbreite, beschloß die h. Kongregation des Index, daß die Bücher des Kopernikus und Didacus a Stunica bis zur Korrektur zu suspendieren [76]) seien, das Buch des Pater Foscarini sei überhaupt zu verbieten und zu verdammen, ebenso alle andern Bücher, die in der gleichen Weise dasselbe lehren. Sie werden daher alle durch diesen Erlaß suspendiert bzw. verboten und verdammt.

Aus dem „Dialog über die beiden hauptsächlichsten
Weltsysteme, das ptolemäische und das koperni=
kanische" von G a l i l e o G a l i l e i (1632) [77]).

Aus dem „zweiten Tage".

S a l v i a t i : Wir müssen prüfen, warum es sich
empfiehlt, den Erdball für völlig unbeweglich zu halten,
und welche Wahrscheinlichkeitsgründe andererseits für seine
Beweglichkeit und für diese oder jene Art der Bewegung
sprechen. Ich sehe hier noch nicht klar. S i m p l i c i o
aber wird im Sinne des Aristoteles für die Unbeweglichkeit
der Erde eintreten. So mag er sie denn im einzelnen be=
gründen, ich will dann die Einwände und Gründe der
Gegner vertreten und S i g n o r S a g r e d o soll uns
sagen, welcher Meinung er sich lieber zuneigen möchte.

S a g r e d o : Einverstanden! Aber Ihr müßt mir
gelegentlich erlauben, das vorzubringen, was mir der
gesunde Menschenverstand eingibt.

S a l v i a t i : Ich bitte Euch sehr darum. — Laßt
uns zunächst erwägen, daß wir eine Bewegung der Erde
unmöglich bemerken könnten, da wir Bewohner der Erde
sind und an ihrer Bewegung auch teilnehmen würden.
Diese Bewegung müßte scheinbar allen Körpern zukommen,
die von der Erde völlig getrennt sind. Um also festzustellen,
ob und was für eine Bewegung der Erde zugeschrieben
werden kann, ist dies das einzig richtige Verfahren, daß
man prüft und beobachtet, ob man an den Körpern außer=
halb der Erde eine scheinbare, aber allen gleiche und gemein=
same Bewegung wahrnehmen kann. Würden wir z. B.
nur am Mond eine Bewegung beobachten, die an Venus
und Jupiter nicht zu bemerken ist, so könnte sie nicht der
Erde eigentümlich sein, sie käme aber zweifellos nur dem
Monde zu. Solch eine ganz allgemeine Bewegung gibt es,
es ist diejenige, welche von Sonne, Mond, den andern
Planeten, den Fixsternen, kurzum vom ganzen Weltall
— ausgenommen von der Erde — in 24 Stunden von
Ost nach West ausgeführt wird. Wie es auf den ersten
Blick scheinen mag, könnte diese Bewegung ebensogut der
Erde allein zukommen, als der übrigen Welt mit Ausnahme
der Erde. Aus beiden Annahmen könnte man dieselben

Erſcheinungen folgern, A r i ſt o t e l e s und p t o l e = m ä u s bekämpfen darum auch nur dieſe tägliche Erd= bewegung.

S a g r e d o : Euere Erwägung kommt mir ſtreng richtig vor, doch werde ich ein Bedenken nicht los. Koperni= kus ſchreibt doch der Erde noch eine weitere Bewegung zu. Dieſe müßte man doch dann nach Euren Darlegungen zwar an der Erde nicht erkennen, ſie aber wohl am ganzen übrigen Weltall bemerken.

S a l v i a t i : Ihr habt recht, doch wollen wir davon erſt reden, wenn wir die zweite Erdbewegung behandeln. Jetzt will ich zuerſt mitteilen, welche Gründe für die An= nahme einer Erdbewegung ſprechen, S. Simplicio wird dann die Gegengründe hören laſſen. Denken wir zunächſt einmal daran, daß die Größe der Erde viele Millionen mal in der Größe der Sixſternſphäre enthalten iſt, und ver= gegenwärtigen wir uns die Geſchwindigkeit der Bewegung, die in einem Tag und einer Nacht eine vollſtändige Um= drehung bewirken muß, ſo kann es meines Erachtens niemand für vernünftig und glaubhaft annehmen, daß die Sixſternſphäre ſich dreht und die Erde ſtillſteht. Kann jemand glauben, die Natur, die immer mit möglichſt wenig Mitteln ihre Zwecke erreichen will, laſſe lieber eine un= geheure Zahl der gewaltigſten Körper ſich bewegen — dazu noch mit unglaublicher Schnelligkeit —, um dasſelbe zu erreichen, was ſchon durch die geringe Bewegung eines einzigen Körpers um ſeinen Mittelpunkt erzielt werden kann?

S i m p l i c i o : Es will mir nicht in den Kopf, daß jene gewaltige Bewegung der Sonne, dem Mond, den übrigen Planeten und der unendlichen Zahl von Sixſternen eigentlich nicht zukommen ſoll. Die Sonne wandert doch von einem Meridian zum andern, erhebt ſich über den Horizont, ſinkt unter ihn, bringt Tag und Nacht. Der Mond bringt ähnliche Veränderungen herbei. Das tun auch die übrigen Planeten und die Sixſterne! Wollt Ihr denn dies alles ausnahmslos als gar nichts gelten laſſen?

S a l v i a t i : Was Ihr da aufzählt, ſind nur Be= wegungen, die ſich ausſchließlich auf die Erde beziehen. Denkt Euch einmal die Erde fort! Dann gibt es keinen

57

Auf= oder Untergang von Sonne und Mond mehr. Horizont, Meridian, Tag und Nacht, alles fehlt. Daraus seht Ihr, daß die angeführten Veränderungen sich lediglich auf die Erde beziehen. Für das Verhältnis von Mond, Sonne, Planeten und Fixsternen sind sie also ohne Bedeutung.

S a g r e d o : S. Simplicio wird uns wohl noch weitere Bedenken gegen das neue Weltsystem vorbringen können.

S i m p l i c i o : Es ist gar nicht neu, sondern schon uralt. Bereits Aristoteles wendet sich dagegen und gibt Beweise für seine Ansicht. Einer ist von dem Verhalten der schweren Körper hergeleitet. Läßt man diese fallen, so treffen sie lotrecht auf die Erdoberfläche. Dasselbe geschieht, wenn man sie lotrecht emporgeworfen hat. Damit ist aber der unwiderlegliche Beweis erbracht, daß die Bewegung schwerer Körper nach dem Erdmittelpunkt gerichtet ist, und daß die Erde, ohne sich im geringsten zu bewegen, sie erwartet und empfängt. Von den andern Beweisgründen der Astronomen für die im Weltmittelpunkt ruhende Erde führt Aristoteles den folgenden an: Alle Erscheinungen, die sich an den Sternbewegungen beobachten lassen, harmonieren mit der Annahme, die Erde stehe im Mittelpunkt der Welt. Würde sie dort nicht stehen, so müßte ein Widerspruch vorhanden sein.

S a l v i a t i : A r i s t o t e l e s entnimmt seine Beweisgründe den Verhältnissen um uns. Sie sollen zunächst von uns geprüft werden. Da sie von P t o l e m ä u s , T y c h o und andern übernommen, bestätigt, verstärkt und durch neue ergänzt worden sind, wollen wir gleich alle auf einmal erledigen. Habt die Güte, S. Simplicio, uns darüber zu berichten, doch nehme ich Euch auch gern die Mühe ab.

S i m p l i c i o : Ihr habt Euch gründlicher damit befaßt, darum ist es wohl besser, wenn Ihr die Gründe vortragt.

S a l v i a t i : Am beweiskräftigsten erscheint allen Gelehrten der Hinweis auf die schweren Körper, denn diese treffen beim Falle in gerader Linie senkrecht auf die Erdoberfläche. Die Unbeweglichkeit der Erde scheint damit unwiderleglich bewiesen zu sein. Wäre nämlich die Erde in Rotation, so müßte sich ein Turm, von dessen Spitze man einen Stein fallen läßt, während der Fallzeit durch die tägliche Erddrehung viele hundert Ellen weit nach Osten bewegt haben. Der Stein müßte um dieselbe Strecke vom Fuße des Turmes entfernt die Erde erreichen. Zur Bestätigung wird gewöhnlich noch ein Versuch angeführt. Man merkt sich auf dem Verdeck eines Schiffes die Stelle, an der eine Bleikugel, die man vom Mastkorb fallen läßt, aufschlägt, solange das Schiff nicht fährt. Bewegt sich das Schiff, so fällt der Stein um so viel weiter zurück, als das Schiff in der Fallzeit vorwärts gefahren ist.

S i m p l i c i o : Dagegen läßt sich doch unmöglich ein triftiger Einwand erheben!

S a l v i a t i : Gemach! Ich frage Euch, S. Simplicio, womit würden P t o l e m ä u s und A r i s t o t e l e s ihre Ansicht beweisen, wenn jemand den geraden und lotrechten (nach dem Erdmittelpunkt gerichteten) freien Fall schwerer Körper leugnen wollte?

S i m p l i c i o : Mit der sinnlichen Wahrnehmung! Diese lehrt uns, daß der Turm gerade und lotrecht ist, daß der Stein dicht an ihm entlang fällt und daß er genau unterhalb der Stelle, an der man ihn losließ, am Fuß des Turmes aufschlägt.

S a l v i a t i : Welche Bewegung hätte wohl ein Stein, wenn sich die Erde samt dem Turme drehen würde und die Erfahrung doch zeigte, daß der Stein dem Turme ent= lang fällt?

S i m p l i c i o : Man müßte fragen: „Welche Be= wegungen?"! Mit der einen würde er von oben nach unten gelangen, mit der andern würde er der Bewegung des Turmes folgen.

S a l v i a t i : Aus diesen beiden Bewegungen wäre seine Bewegung zusammengesetzt. Der Stein würde also nicht mehr die einfache gerade und lotrechte, sondern eine schiefe, vielleicht auch krumme Linie durchfallen.

S i m p l i c i o : Ich weiß nicht, ob sie krumm sein muß, aber schief ist sie sicher. Sie ist auch nicht jene Gerade, die bei unbeweglicher Erde durchfallen wird.

S a l v i a t i : Lediglich aus der Tatsache, daß der Stein am Turm entlang fällt, dürft Ihr also noch nicht mit Sicherheit schließen, er habe eine gerade und lotrechte Be=

wegung. Ihr müßtet höchstens voraussetzen, die Erde sei unbeweglich.

Simplicio: Das stimmt. Würde sich die Erde be= wegen, so müßte der Stein schräg und 'nicht lotrecht fallen.

Salviati: Da habt Ihr nun selbst klar und deutlich den Fehlschluß des Aristoteles und Ptolemäus gefunden! Was bewiesen werden soll, ist schon als be= kannt vorausgesetzt.

Simplicio: Wieso?

Salviati: Wieso? Das sollt Ihr gleich hören. Bei einem Beweise nimmt man doch die Schlußfolgerung als unbekannt an?

Simplicio: Selbstverständlich. Sonst wäre es ja überflüssig, sie zu beweisen.

Salviati: Und die zweite Voraussetzung muß fest= stehen. Nicht wahr?

Simplicio: Allerdings! Sonst würde man etwas Unbekanntes durch etwas ebenso Unbekanntes beweisen!

Salviati: Die Schlußfolgerung, die wir beweisen wollen, ist die Unbeweglichkeit der Erde. Nun?

Simplicio: Sicherlich!

Salviati: Und die Voraussetzung, die feststehen muß, ist der lotrechte Fall des Steines?

Simplicio: Gewiß, das ist die Voraussetzung.

Salviati: Und gerade eben haben wir dargetan, daß wir die Kenntnis, ob die Fallinie gerade und lotrecht ist, nur dann haben können, wenn uns zuvor bekannt ist, daß die Erde unbeweglich ist. Die Sicherheit der Voraus= setzung hängt also von der Sicherheit der Behauptung ab. Da könnt Ihr nun sehen, wie gründlich der Fehlschluß ist.... Nun sagt mir doch das eine: Wenn ein Stein, den man aus dem Mastkorb eines fahrenden Schiffes fallen läßt, da auf das Verdeck aufschlagen würde, wo er auch bei ruhendem Schiffe auftrifft, könnte man dann aus dem Ergebnis des Versuchs entscheiden, ob das Schiff fährt oder hält?

Simplicio: Ganz gewiß nicht! Aus dem Schlagen des Pulses kann man z. B. auch nicht erkennen, ob jemand wacht oder schläft, weil der Puls beim Wachen und Schlafen in derselben Weise schlägt.

Salviati: Ganz recht! Habt Ihr den Fallversuch auf dem Schiffe jemals gemacht?

Simplicio: Nein, aber ich denke mir, daß die Schriftsteller, die ihn erwähnen, sich gründlich mit ihm beschäftigt haben.

Salviati: Daß diese ihn erwähnen, ohne ihn jemals angestellt zu haben, beweist Ihr selbst gar zu deutlich. Ohne den Versuch gemacht zu haben, führt Ihr ihn als sicher an und verlaßt Euch getrost auf das Wort jener Männer. Und die haben sich wohl auch wieder auf Vor= gänger verlassen usw., ohne daß jemals einer von ihnen allen den Versuch gemacht hat. Der Betreffende hätte nämlich gerade das Gegenteil von dem gefunden, was man in den Büchern liest! Der Stein fällt nämlich stets an der gleichen Stelle auf das Verdeck, mag das Schiff [78] beliebig rasch oder gar nicht fahren. Da sich Erde und Schiff gleich verhalten, so seht Ihr nun, daß man aus dem lotrechten Falle eines Steins und aus dem Aufschlagen am Fuße des Turmes gar nichts über Ruhe oder Bewegung der Erde folgern kann. Habt Ihr da noch eine Einwendung, S. Simplicio?

Simplicio: Jawohl, nämlich die, daß ich bis jetzt immer noch keinen Beweis für die Erdbewegung er= blicke.

Salviati: Den habe ich auch gar nicht geben wollen. Ihr solltet bloß sehen, daß der gegnerische Einwand keinen Beweis für die Unbeweglichkeit der Erde bringt. Ich möchte Euch auch nur zeigen, daß die Anhänger der Lehre von der täglichen Erdbewegung ihre Ansicht nicht zusammen= phantasierten, sondern die gegnerische Meinung anhörten und prüften. Das ist auch meine Absicht, wenn wir uns zur Betrachtung jener zweiten Erdbewegung wenden, die zuerst von Aristarch von Samos und dann auch von Nikolaus Kopernikus dem Erdball zugeschrieben worden ist.

Sagredo: Ich denke, wir beschließen für heute unsere Unterredung, S. Salviati würde sonst zu sehr müde. Morgen wollen wir dann fortfahren und hoffentlich wieder recht viel Neues vernehmen.

Aus dem „dritten Tage".

Salviati: Vielleicht macht Jhr, S. Simplicio, den Anfang und zählt die Bedenken auf, die Jhr gegen eine Erdbewegung um einen festen Mittelpunkt hegt, wie sie die andern Planeten besitzen.

Simplicio: Da bietet die Unvereinbarkeit einer zentralen und nichtzentralen Stellung gleich die größte Schwierigkeit. Bewegt sich die Erde im Laufe eines Jahres auf einem Kreisumfang, nämlich auf der Ekliptik, so kann sie nicht im Mittelpunkt der Ekliptik sein. Und gerade diese Stellung in diesem Mittelpunkt ist von Aristoteles, Ptolemäus und andern mehrfach nachgewiesen.

Salviati: Euer Schluß ist gewiß richtig! Bevor wir aber weitergehen, wollen wir uns darüber klar werden, ob wir beide unter dem „Mittelpunkt" dasselbe verstehen. Sagt uns darum, bitte, zuerst Eure Ansicht.

Simplicio: Unter dem „Mittelpunkt" verstehe ich den Mittelpunkt des Weltalls, der Fixsternsphäre, des Himmels.

Salviati: Da könnte ich gleich einwerfen: Gibt es denn in der Natur überhaupt solch einen Mittelpunkt? Es hat ja noch niemand bewiesen, daß die Welt endlich und begrenzt ist und eine bestimmte Gestalt besitzt.

Simplicio: Doch! Aristoteles hat das oft genug bewiesen.

Salviati: Alle diese Beweise laufen auf einen hinaus, und der ist noch nicht einmal ein Beweis! Denn leugne ich die Grundannahme, nämlich die Bewegung des Weltalls, so werden alle seine Beweise nichtig, da die Endlich=keit und Abgrenzung des Weltalls aus seiner Bewegung abgeleitet ist. Um aber nicht noch einen neuen strittigen Punkt zu schaffen, sei Endlichkeit und Kugelgestalt des Weltalls zugestanden und damit also auch das Vorhanden=sein eines Mittelpunkts. Dieser ist nach der Ansicht des Aristoteles derjenige Punkt, um den sich erstens die Be=wegung des Weltalls vollzieht, und in dem er sich zweitens die Erde denkt. Nehmen wir einmal an, Aristoteles sei auf Grund von Erfahrungstatsachen genötigt, sich den Weltenbau anders vorzustellen und die Irrigkeit einer dieſer beiden Anſichten einzuräumen. Nun ſagt, S. Simplicio, bei welcher würde er lieber die Möglichfeit einer Täuſchung zugeſtehen?

Simplicio: In dieſem Falle würden wohl die Peripatetifer...

Salviati: Erlaubt, die Meinung des Ariſto= teles möchte ich hören, nicht die der Peripatetifer, denn deren Antwort fenne ich nur zu gut! Dieſe unter= tänigſt erſterbenden Ariſtoteleslafaien würden einfach Der= ſuch und Beobachtung abſtreiten und das gar nicht anſehen, was ſie ſonſt als richtig beſtätigen müßten. Die würden in ihrem Ariſtoteles herumblättern und nicht im Buche der Natur. Mit was ſollten ſie denn fämpfen, wenn ſie ihren Meiſter nicht mehr hätten? Sagt Jhr uns, was Ariſtoteles ſelbſt tun würde?

Simplicio: Ich weiß wirflich nicht, welches Übel Ariſtoteles als das fleinere anſehen würde.

Salviati: Übel? Was ſich als Notwendig= feit erweiſen dürfte? Ein Übel war es, die Erde zum Mittelpunft für die Bewegungen der Himmelsförper zu machen! Sagt mir, bitte, damit wir weiterfommen: Soll man annehmen, daß die Planetenſphären ſich auch um den Weltmittelpunft bewegen oder um ein anderes weit davon entferntes Zentrum? Was meint Jhr, S. Simplicio?

Simplicio: Mir ſcheint es vernünftiger, eine Bewegung der umſchließenden und umſchloſſenen Teile der Welt um den nämlichen Mittelpunft anzunehmen.

Salviati: Dann iſt es alſo ausgemacht, daß nicht die Erde, ſondern die Sonne im Weltmittelpunft ſteht.

Simplicio: Aus was ſchließt Jhr das?

Salviati: Aus beweisfräftigen Beobachtungen! Dor allem ſind die Planeten der Erde bald näher, bald ferner, die Unterſchiede ſind ſogar recht groß. Denus fann ſich bis zum ſechsfachen, Merfur ſogar bis zum achtfachen Betrag entfernen. Ariſtoteles irrt ſich alſo ein wenig, wenn er an die Unveränderlichfeit der Entfernung glaubt.

Simplicio: Warum ſollen denn die Planeten= bewegungen gerade um die Sonne erfolgen?

Salviati: Mars, Jupiter und Saturn ſind der Erde näher, wenn ſie der Sonne gegenüberſtehen, als wenn sie mit ihr untergehen. Für Venus und Merkur ergibt sich die Bewegung um die Sonne daraus, daß sie sich stets in der Nähe der Sonne befinden, bald vor, bald hinter ihr. Die Veränderlichkeit der Lichtgestalten der Venus beweist das unbedingt. Der Mond allerdings läßt sich nicht von der Erde trennen. Er bewegt sich aber trotzdem auch um die Sonne, indem er die Erde bei ihrem jährlichen Umlauf begleitet.

S i m p l i c i o : Mir ist diese Anordnung noch nicht recht klar; mit einer kleinen Zeichnung geht es vielleicht besser.

S a l v i a t i : So sei es! Ihr sollt selbst das Ganze zeichnen. Ihr werdet sehen, daß Ihr die ganze Anordnung besser versteht, als Ihr meint. Nehmt also den Zirkel und ein Blatt Papier. Wählt dann einen Punkt als Ort für die Erde.

S i m p l i c i o : Dieser hier soll es sein*).

S a l v i a t i : Und nun einen andern für die Sonne.

S i m p l i c i o : Schon geschehen!

S a l v i a t i : Jetzt wollen wir uns überlegen, wo wir die Venus unterbringen müssen, damit Stellung und Bahn mit den sinnlichen Wahrnehmungen übereinstimmen. Er= innert Euch dabei an die Vorgänge, die Euch von unseren Gesprächen und von Eueren Beobachtungen her bekannt sind.

S i m p l i c i o : Angenommen, mit den von Euch er= wähnten Erscheinungen habe es seine Richtigkeit, so muß man behaupten, die Venus bewege sich um die Sonne in einem Kreise, der die Erde nicht einschließen kann, da sonst die Venus bisweilen der Erde gegenüberstehen müßte. Ich will daher den Venuskreis so um die Sonne zeichnen, daß er die Erde nicht einschließt.

S a l v i a t i : Merkur entfernt sich, wie Ihr wißt, noch weniger von der Sonne wie die Venus.

S i m p l i c i o : Da er sich sonst wie die Venus verhält, will ich den kleineren Merkurkreis auch um die Sonne zeichnen, innerhalb der Venusbahn.

---

*) Galilei fügt hier eine Zeichnung ein, die unserer Abbildung 2 entspricht.

Salviati: Nun kommen wir zum Mars.

Simplicio: Dieser steht bisweilen der Sonne gegenüber, also muß seine Bahn die Erde umschließen. Ich sehe aber ein, daß seine Bahn auch die Sonne um= fassen muß, sonst müßte er gelegentlich — nämlich, wenn er nahe bei der Sonne erscheint — Sichelgestalt zeigen. Er sieht aber immer rund aus. Seine Bahn muß daher sowohl Erde als Sonne einschließen. Wie ich mich ent= sinne, habt Ihr früher gesagt, daß er sechzigmal größer erscheint, wenn er der Sonne gegenübersteht, als wenn er mit ihr untergeht. Dem wird es nach meiner Meinung wohl am besten entsprechen, wenn man für den Mars einen Kreis zeichnet, dessen Zentrum die Sonne ist, und der, wie gesagt, die Erde einschließt. Für Jupiter und Saturn liegen die Verhältnisse genau so, nur sind die Größen= unterschiede beim Jupiter geringer und beim Saturn am geringsten. Ich glaube, wir zeichnen am besten auch für diese beiden Planeten zwei Kreise um die Sonne. Dieser hier — größer als die Marsbahn — gehört dem Jupiter und dieser äußerste da dem Saturn.

Salviati: Bis hierher habt Ihr Eure Sache vor= trefflich gemacht. Nun müßt Ihr noch überlegen, welchen Platz Ihr dem Mond anweisen wollt.

Simplicio: Da der Mond bald morgens, bald abends untergeht, muß man unbedingt zugeben, daß seine Kreisbahn die Erde umfaßt. Die Sonne schließt sie aber nicht ein, denn sonst müßte der Mond zur Neumonds= zeit als vollbeleuchtete Scheibe erscheinen. Außerdem könnte er keine Sonnenfinsternisse geben, die doch häufig vorkommen Ich will deshalb für ihn hier einen Kreis um die Erde zeichnen (zwischen Mars= und Venusbahn).

Salviati: So haben wir denn also, S. Simplicio, die Himmelskörper nach dem System des Kopernikus an= geordnet. Ihr habt das eigenhändig getan. Wenn nun tatsächlich Merkur, Venus, Mars, Jupiter und Saturn um die Sonne laufen, so hat man ein um so größeres Recht, die Sonne — und nicht die Erde! — als ruhend anzunehmen, weil es richtiger ist, dem Mittelpunkte bewegter Sphären Unbeweglichkeit zuzuschreiben, als irgendeinem andern Punkte. So kann man denn der Erde, die sich zwischen bewegten Weltkörpern — Venus und Mars — befindet, mit Fug und Recht eine Bewegung von der Dauer eines Jahres zuschreiben und die Sonne als ruhend annehmen. Dann muß man auch unbedingt die tägliche Erddrehung einräumen. Würde bei stillstehender Sonne die Erde nur die jährliche, nicht aber auch die tägliche Bewegung besitzen, so würde unser Jahr nur aus einem sechs Monate währenden Tage und einer ebenso langen Nacht bestehen. Ihr seht aus alledem, wie die gewaltigen Himmelserscheinungen sich bei diesem System auf so einfache Gründe zurückführen lassen [79]).

Aus der „Verteidigung zum Anti-Tycho" von Scipione Chiaramonti (1633) [80]).

Die Geschöpfe, welche sich bewegen, haben Gliedmaßen und Muskeln; die Erde hat keine Gliedmaßen und Muskeln, also bewegt sie sich nicht.

Saturn, Jupiter, die Sonne usw. werden durch Engel in Umlauf gesetzt. Würde die Erde kreisen, so müßte sie also in ihrem Mittelpunkte einen Engel haben. Dort sind aber nur Teufel, es müßte also ein Teufel der Erde ihre Bewegung verleihen.

Planeten, Sonne und Fixsterne sind alle Glieder e i n e r Gattung, nämlich der Gattung der Gestirne. Also müssen sich entweder a l l e bewegen oder a l l e still= stehen.

Das Urteil [81]) gegen G a l i l e i vom 22. Juni 1633.

Du, Galilei, Sohn des Vincenzo Galilei [82]) aus Florenz, 70 Jahre alt, wurdest im Jahre 1615 bei diesem h. Offizium [83]) angezeigt:

Du hieltest die falsche vielfach verbreitete Lehre für wahr, nach der die Sonne der Mittelpunkt der Welt und unbeweglich sei, während die Erde sich drehe und auch eine tägliche Bewegung besitze;·

du hättest ferner einige Schüler, die du in dieser Lehre unterrichtest;

du unterhieltest einen Briefwechsel über diese Lehre mit einigen Mathematikern in Deutschland;

du hättest einige Briefe mit dem Titel: „Von den Sonnenflecken" veröffentlicht[84]), in denen du für die Wahrheit der Lehre eintretest;

auf die Einwürfe, die dir des öfteren aus der Heiligen Schrift gemacht worden, antwortest du durch Erklärung der Heiligen Schrift nach deinem Sinn.

Ferner wurde die Abschrift einer Abhandlung vorgelegt, die, in Briefform gehalten[85]), an einen deiner ehemaligen Schüler gerichtet ist; in ihr stellst du als Anhänger der Anschauung des K o p e r n i k u s einige Sätze gegen den wahren Sinn und die Autorität der Heiligen Schrift auf.

Dieser h. Gerichtshof wollte der Unordnung und dem Schaden, der daraus entsprang und zum Nachteil des h. Glaubens größer wurde, entgegenwirken. Im Auftrage unseres Herrn[86]) und ihrer Eminenzen der Herren Kardinäle dieser höchsten und allgemeinen Inquisition wurde daher von den Theologenqualifikatoren[87]) über die Sätze vom Stillstehen der Sonne und der Bewegung der Erde ein Gutachten abgegeben. Es lautete:

Der Satz, die Sonne sei der Mittelpunkt der Welt und habe keine räumliche Bewegung, ist philosophisch betrachtet töricht und sinnlos und formell ketzerisch, weil er ausdrücklich der Heiligen Schrift widerspricht.

Der Satz, die Erde sei nicht der Mittelpunkt der Welt und nicht unbeweglich, sondern sie bewege sich — auch in täglicher Bewegung — um sich selbst, ist ebenfalls — philosophisch betrachtet — töricht und sinnlos und enthält — theologisch betrachtet — mindestens einen Glaubensirrtum.

Da uns ein mildes Verfahren gegen dich gefiel, wurde in der am 25. Februar 1616 in Gegenwart unseres Herrn gehaltenen Kongregation beschlossen:

Seine Eminenz der Herr Kardinal B e l l a r m i n solle dir das völlige Aufgeben der erwähnten falschen Lehre zur Pflicht machen. Im Falle deiner Weigerung solle dir von dem Kommissar des h. Offiziums befohlen werden, diese Lehre aufzugeben, sie weder andern vorzutragen, noch sie zu verteidigen, noch sie zu erörtern. Solltest du dich bei diesem Befehl nicht beruhigen, so müsse man dich einkerkern.

Zur Ausführung dieses Beschlusses wurde dir am folgenden Tage im Palaste und in Gegenwart Seiner Eminenz des genannten Herrn Kardinals B e l l a r = m i n — nach gütiger Ermahnung durch ihn — von dem damals amtierenden Pater Kommissar des h. Offiziums vor Notar und Zeugen der Befehl erteilt, du habest die besagte Irrlehre gänzlich aufzugeben; es sei dir ferner in Zukunft nicht gestattet, sie in irgendeiner Weise zu ver= teidigen oder zu lehren, weder mündlich noch schriftlich. Du versprachest, zu gehorchen, und wurdest daraufhin ent= lassen [88]).

Damit eine so verderbliche Lehre gänzlich beseitigt werde und nicht zum schweren Schaden der katholischen Wahrheit weiter um sich greife, erschien ein Beschluß der h. Kongregation des Index, durch den die Bücher ver= boten wurden, die diese Lehre behandeln. Sie selbst wurde für falsch und der heiligen und göttlichen Schrift ganz wider= sprechend erklärt.

Nun erschien im letzten Jahre zu Florenz ein Buch, dessen Aufschrift dich als Verfasser bezeichnet, da der Titel lautet: „Dialog von Galileo Galilei über die beiden haupt= sächlichsten Weltsysteme, das ptolemäische und das koperni= kanische". Da die h. Kongregation erfahren hatte, daß durch das Erscheinen besagten Buches die falsche Lehre von der bewegten Erde und der ruhenden Sonne täglich mehr überhandnehme, wurde das Buch sorgfältig geprüft und in ihm eine offenbare Übertretung des oben erwähnten, dir erteilten Befehles gefunden. Du hast nämlich in dem Buche die oben erwähnte, schon verdammte und in deiner Gegenwart auch als solche bezeichnete Lehre verteidigt, wiewohl du dir in dem Buche Mühe gibst, durch allerlei Wendungen die Meinung zu erwecken, sie sei von dir un= entschieden und ausdrücklich nur als wahrscheinlich (probabel) gelassen, was aber gleichfalls ein sehr schwerer Irrtum ist, da eine Meinung in keinerlei Weise wahrscheinlich (probabel) sein kann, die bereits als der heiligen Schrift widersprechend erklärt und festgelegt worden ist.

Du wurdest demgemäß auf unseren Befehl vor dieses h. Offizium berufen, wo du bei deiner Vernehmung unter Eid das Buch als von dir verfaßt und in den Druck gegeben

68

anerkanntest. Du bekanntest, vor etwa zehn bis zwölf Jahren — nachdem dir obenbesagter Befehl also erteilt war — mit dem Schreiben des Buches begonnen und um die Druck= erlaubnis nachgesucht zu haben, ohne denjenigen, die dir diese Ermächtigung gaben, mitgeteilt zu haben, es sei dir verboten, die Lehre für wahr zu halten, sie zu verteidigen, noch in irgendeiner Weise zu lehren.

Du gestandest, das Buch sei an vielen Stellen so ab= gefaßt, daß der Leser glauben könne, die für die falsche Meinung aufgeführten Gründe seien so vorgetragen, daß sie vermöge ihrer Beweiskraft eher überzeugend als wider= legbar seien. Zu deiner Entschuldigung brachtest du vor, du seiest in einen deiner Absicht (wie du sagtest) so fern liegenden Irrtum lediglich verfallen durch die Abfassung des Buches in Dialogform und durch das natürliche Wohl= gefallen, das jeder an seinem eigenen Scharfsinn und daran findet, sich durch Ausdenken von geistreichen und be= stechenden Wahrscheinlichkeitsgründen, selbst für falsche Be= hauptungen, scharfsinniger als andere Menschen zu zeigen.

Nachdem dir eine angemessene Frist zu deiner Ver= teidigung gegeben war, brachtest du ein handschriftliches Zeugnis Seiner Eminenz des Herrn Kardinals B e l l a r = m i n , welches du — nach deiner Aussage — dir ver= schafft hattest zur Verteidigung gegen die Verleumdungen deiner Feinde, die behaupteten, du habest abgeschworen und seist vom h. Offizium bestraft worden. In diesem Zeugnis wird gesagt, du habest nicht abgeschworen, seist auch nicht bestraft worden, sondern es sei dir nur die von unserem Herrn gegebene und von der h. Kongregation des Index veröffentlichte Erklärung mitgeteilt worden des Inhaltes: die Lehre von der Bewegung der Erde und dem Stillstand der Sonne widerspreche der heiligen Schrift, dürfe deswegen nicht verteidigt und nicht für wahr ge= halten werden. Da nun in diesem Schreiben die Ausdrücke des Befehls „lehren" und „in irgendeiner Weise" nicht erwähnt werden, machst du geltend, du müssest sie im Verlaufe von 14 oder 16 Jahren ganz aus dem Gedächtnis verloren haben, du habest deshalb bei der Einholung der Druckerlaubnis diesen Befehl verschwiegen. Dies werde von dir nicht etwa gesagt, um deinen Irrtum zu ent=

69

schuldigen, sondern damit er eher eitlem Ehrgeiz als bösem
Willen zugeschrieben werde. Aber gerade dieses Zeugnis,
das du zu deiner Verteidigung beibrachtest, hat deine
Sache noch verschlimmert, weil du es gewagt haft, die oben
erwähnte Meinung zu erörtern, zu verteidigen und als
wahrscheinlich (probabel) hinzustellen, obwohl doch in dem
Zeugnis besagte Meinung als der heiligen Schrift zuwider
bezeichnet wird. Auch spricht die Erlaubnis, die du ge=
schickt und schlau erschlichen haft, nicht zu deinen Gunsten,
weil du den dir auferlegten Befehl nicht mitgeteilt haft.

Da es uns nun schien, du habest bezüglich deiner Ab=
sicht nicht die volle Wahrheit gesagt, erachteten wir es als
nötig, dich dem peinlichen Verhör [89]) zu unterwerfen.
Bei diesem haft du — ohne irgendwie betreffs deiner
Geständnisse und der obigen Folgerungen über deine Ab=
sichten vorzugreifen — katholisch geantwortet [90]).

Nachdem wir diese deine Sache samt deinen oben
genannten Geständnissen und Entschuldigungen und allen
Punkten, die von Rechts wegen zu untersuchen und zu
erwägen waren, untersucht und erwogen haben, sind wir
zu dem folgenden endgültigen Urteil gegen dich gelangt:

Nach Anrufung des heiligsten Namens unseres Herrn
Jesu Christi und seiner glorreichsten Mutter, der Jungfrau
Maria, sprechen wir, als Gerichtshof sitzend, nach dem
Rate und Gutachten der Hochwürdigen Magister der h.
Theologie und der Doktoren beider Rechte, die unsere
Konsultoren [91]) sind, in dieser Schrift unser endgültiges
Urteil in der Streitsache und den uns vorliegenden Fragen
zwischen Seiner Magnifizenz Carlo Sincero, Doktor
beider Rechte und Fiskalprokurator [92]) dieses h. Offiziums,
einerseits und dir, Galileo Galilei, als dem hier gegen=
wärtigen und — wie oben gesagt — beschuldigten und ge=
ständigen Angeklagten andererseits: Wir sagen, verkünden,
urteilen und erklären:

erstens: daß du, besagter Galilei, durch die im Ver=
fahren erwiesenen und von dir eingestandenen Punkte
dich diesem h. Offizium der Ketzerei sehr verdächtig
gemacht haft — darin nämlich, daß du die falsche, den
heiligen und göttlichen Schriften widersprechende Lehre
(die Sonne sei der Mittelpunkt der Welt und bewege

70

sich nicht oftweſtlich, und die Erde bewege ſich und ſei nicht der Mittelpunkt der Welt) geglaubt und für wahr gehalten, und auch darin, daß du geglaubt, eine Meinung dürfe als wahrſcheinlich (probabel) gehalten und verteidigt werden, auch nachdem ſie als der heiligen Schrift widerſprechend erklärt und feſtgelegt worden;

zweitens: daß du infolgedeſſen in alle Zenſuren und Strafen verfallen biſt, welche durch die h. Kanones und andere allgemeine und beſondere Konſtitutionen gegen alle derartig ſich Verfehlenden beſtimmt und veröffentlicht ſind.

Von dieſen ſollſt du freigeſprochen werden, wenn du zuvor mit aufrichtigem Herzen und ungeheucheltem Glauben ſowohl die obgenannten als alle andern Irrtümer und Ketzereien, die der katholiſchen und apoſtoliſchen Römiſchen Kirche zuwiderlaufen, nach der von uns anzugebenden Formel abſchwörſt, verfluchſt und verwünſchſt.

Damit dieſer dein ſchwerer und verderblicher Irrtum und Fehltritt nicht ganz ohne Strafe bleibe, und damit du in Zukunft vorſichtiger ſeiſt — ein Beiſpiel für andere, daß ſie ſich vor dergleichen Vergehen hüten —, ſo beſtimmen wir, daß das Buch: „Dialog von Galileo Galilei" durch eine öffentliche Verordnung verboten werde. Dich aber verurteilen wir zu förmlicher Kerkerhaft in dieſem h. Offizium für eine nach unſerem Ermeſſen abzugrenzende Zeit und legen dir als heilſame Buße auf, in den nächſten drei Jahren wöchentlich einmal die ſieben Bußpſalmen zu ſprechen. Dabei behalten wir uns das Recht vor, die genannten Strafen und Bußen zu ermäßigen, abzuändern oder ſie ganz oder teilweiſe aufzuheben.

So ſagen, verkünden, verordnen, befehlen, verurteilen wir und behalten uns vor, in dieſer und in jeder andern beſſeren Weiſe und Form, wie wir von Rechts wegen können und müſſen.

So verkünden wir endesunterzeichnete Kardinäle [93]).

Galileis Abſchwörungsformel [94]).

Ich, Galileo Galilei, Sohn des verſtorbenen Vincenzo Galilei aus Florenz, 70 Jahre alt, perſönlich vor Gericht

gestellt, kniee hier vor Euern Eminenzen, den hoch=
würdigsten Herren Kardinälen, Generalinquisitoren gegen
die ketzerische Bosheit in der ganzen christlichen Welt, habe
die heiligen Evangelien vor Augen und berühre sie mit
meinen Händen, während ich schwöre: Ich habe immer
geglaubt, glaube auch jetzt und werde mit Gottes Hilfe
auch in Zukunft glauben an alles, was die h. katholische
und apostolische Römische Kirche für wahr hält, verkündet
und lehrt. Das h. Offizium hatte mir gerichtlich befohlen,
ich solle die falsche Meinung aufgeben, nach der die Sonne
der Mittelpunkt der Welt und unbeweglich, die Erde aber
nicht der Mittelpunkt der Welt und beweglich ist; ich dürfe
auch diese Irrlehre nicht für wahr halten, auch nicht in
irgendeiner Weise verteidigen oder lehren, weder mündlich
noch schriftlich. Außerdem wurde mir eröffnet, die Lehre
sei der heiligen Schrift entgegen. Trotz alledem schrieb ich
ein Buch und ließ es auch drucken, in welchem ich diese be=
reits verdammte Lehre erörtere und sehr gewichtige Gründe
für sie vorbringe, ohne irgendeine Lösung beizufügen. Ich
wurde deshalb als der Ketzerei stark verdächtig erachtet,
nämlich für wahr gehalten und geglaubt zu haben, die
Sonne sei der Mittelpunkt der Welt und unbeweglich, die
Erde aber sei nicht der Mittelpunkt der Welt und beweglich.
Da ich Euern Eminenzen und jedem katholischen Christen
diesen starken, mit Recht gegen mich gehegten Verdacht
nehmen möchte, schwöre ich ab, verwünsche und verfluche
ich mit aufrichtigem Herzen und ungeheucheltem Glauben
die angeführten Irrtümer und Ketzereien sowie überhaupt
jeden andern Irrtum und jede andere sektiererische Meinung,
die der genannten h. Kirche zuwiderläuft. Ich schwöre,
niemals mehr künftighin etwas zu sagen oder mündlich
oder schriftlich etwas zu behaupten, das mich in einen
ähnlichen Verdacht bringen könnte. Lerne ich einen Ketzer
oder einen der Ketzerei Verdächtigen kennen, so werde ich
ihn diesem h. Offizium oder dem Inquisitor und Ordinarius
meines Aufenthaltsortes anzeigen. Außerdem schwöre und
verspreche ich, alle Bußen pünktlich zu erfüllen und zu
beachten, die mir von diesem h. Offizium auferlegt sind
oder noch auferlegt werden ⁹⁵). Sollte ich — was Gott
verhüten möge — einem meiner Versprechen, Beteuerungen

und Schwüre entgegenhandeln, so unterwerfe ich mich allen Bußen und Strafen, die durch die h. Kanones und besondere Konstitutionen gegen derartige Pflichtvergessene bestimmt und veröffentlicht sind. So wahr mir Gott helfe und seine heiligen Evangelien, die ich mit meinen Händen berühre.

Ich, besagter Galileo Galilei, habe abgeschworen, geschworen, versprochen und mich zu dem Vorstehenden verpflichtet. Zur Beglaubigung habe ich die vorliegende Abschwörungsurkunde, die ich Wort für Wort verlesen habe, eigenhändig unterschrieben.

Rom, im Kloster der Minerva, am heutigen Tage, dem 22. Juni 1633.

Ich, Galileo Galilei, habe wie oben abgeschworen, mit eigener Hand.

VI. Auf dem Wege zum Sieg.

Aus der „Astronomischen Unterweisung" von Gassendi (1645) [96]).

Die „Bewegung der Deklination" bedeutet ein Abwenden der Erdachse von einer zur Erdbahnachse parallelen Lage und damit ein Beharren in einer stets zu sich parallelen Richtung, wodurch sie immer parallel zur Weltachse bleibt. Man kann daher diese „Bewegung der Deklination" nicht eigentlich als „Bewegung", sondern höchstens als eine logische Folge der beiden andern Erdbewegungen ansprechen. Man kann sie sich vergegenwärtigen an einem Kinderkreisel, dessen Achse sich selbst parallel bleibt und etwa in senkrechter Stellung beharrt, wenn auch der Kreisel sich auf dem ebenen Boden bewegt und mit seiner Spitze allerlei Kreise beschreibt [97]).

Aus dem „Neuen Almagest"' von Riccioli [98]) (1651).

Angenommen, die Erde besitze eine tägliche Drehbewegung, so müßte es schwieriger sein, gegen Westen

zu gehen oder zu schwimmen oder zu fliegen als gegen
O st e n. Diese Folgerung trifft aber, wie die tägliche Er=
fahrung lehrt, nicht zu; also ist die Annahme einer sich
drehenden Erde falsch.

Dieser Beweis wird von P e t r u s d e A l l i a c o [99])
und S ch e i n e r [100]) gegeben. Sie billigen den Obersatz,
weil sich die Luft zugleich mit der Erde auch gegen Osten
bewegen müßte; was gegen Westen gehen, schwimmen
oder fliegen würde, müßte die sehr heftig entgegenwehende
Luft verspüren und von ihr nach Osten zurückgetrieben
werden; man müßte sich also zu einer Bewegung nach
Westen bedeutend mehr anstrengen.

Der Untersatz ist unstreitig richtig: eine solche Mehr=
anstrengung nimmt man ja nicht wahr. Trotzdem machen
die Kopernikaner bei dem Obersatz eine Unterscheidung;
sie antworten nämlich: Fehlt dem gehenden, schwimmenden
oder fliegenden Körper außer der eigenen Bewegung, die
er besitzt, eine gemeinsame Bewegung mit der Erde und
unserer Atmosphäre, oder fehlt ihm eine Kreisbewegung,
durch die er eher nach Osten getragen würde, als ihn die
Luft dorthin treiben könnte, so gilt der Obersatz; sind aber
solche Bewegungen vorhanden, so gilt er nicht.

Besäße die Erde eine tägliche Bewegung, so müßten
uns Berge im Westen eher aufzusteigen scheinen, als Sterne
unter den Horizont zu sinken; Berge im Osten müßten
uns eher zu sinken scheinen, als Sterne über den Horizont
aufzusteigen. Die Beobachtung zeigt dies aber nicht so.
Die Berge erscheinen vielmehr unbeweglich in der Ost=
und Westgegend. Also besitzt die Erde keine tägliche Be=
wegung.

Die Kopernikaner lassen das aber nicht gelten. Sie
sagen: Die Berge und die Ebene, in der wir uns mit den
Bergen befinden, bewegen sich in gleicher Weise; wir be=
merken deshalb die Bewegung nicht, die uns und den
Bergen gemeinsam ist. ·

Wenn ein Engel — über einem Punkt der Erde
schwebend — eine an einer Kette hängende Metallkugel
herunterfallen ließe, gleichzeitig aber das andere Ende der

74

Kette festhielte, so würde die Kugel gerade auf die Erde
zu streben und die Kette nach dem erwähnten Erdpunkt
hin lotrecht spannen. Das wäre bei bewegter Erde un=
möglich. Die Kopernikaner werden dies mit einer Ver=
neinung des Obersatzes beantworten: die Kugel müsse
sich schief — gegen Osten — bewegen und die Kette dorthin
mit sich ziehen. Entfalte aber der Engel beim Festhalten
der Kette eine größere Kraft, so werde die Kette sich zwar
nicht bewegen, aber schief gen Osten abgelenkt werden.

——— ——— ——— ——— ——— ——— ——— ———

Daß der Himmel oben, die Erde aber unten ist, lehrt
uns die Heilige Schrift recht oft, 3. B. 5. Mos. 4, 39: „So
sollst du wissen und zu Herzen nehmen, daß Gott der Herr
oben im Himmel und unten auf der Erde ist." Damit
stimmt überein Josua 2, 11: „Der Herr, euer Gott, ist
Gott oben im Himmel und unten auf Erden." Ferner
1. Könige 8, 23: „Herr, Gott Israels, es ist kein Gott, weder
droben im Himmel, noch unten auf Erden dir gleich." In
den Sprüchen Salomos 25, 3 heißt es: „Der Himmel ist
oben, und die Erde ist unten", und bei Jeremia 31, 37:
„So spricht der Herr: Wenn man den Himmel oben kann
messen und den Grund der Erde unten erforschen..." und
noch an vielen andern Stellen.

Damit scheint das System des Kopernikus nicht gerade
sonderlich übereinzustimmen, wenn es die Erde nicht einfach
unten anordnet, sondern in den Mittelpunkt der Welt
— gleichsam an den untersten Ort — die Sonne setzt, auch
die Erde vom Himmel nicht scheidet, sondern sie an den
Himmel zwischen die Planeten setzt.

**Aus der „Allgemeinen Naturgeschichte und Theorie
des Himmels" von J m m a n u e l K a n t** [101]
(1755).

Wenn die Kreise der Himmelskörper genaue Zirkel
wären, so würde die allereinfachste Zergliederung der
Zusammensetzung krummliniger Bewegungen zeigen, daß
ein anhaltender Trieb gegen den Mittelpunkt dazu er=
fordert werde; allein obgleich sie an allen Planeten sowohl
als Kometen Ellipsen sind, in deren gemeinschaftlichem

75

Brennpunkte sich die Sonne befindet, so tut doch die höhere Geometrie mit Hilfe der Keplerschen Analogie (nach welcher der Radius vector oder die von dem Planeten zur Sonne gezogene Linie stets solche Räume von der elliptischen Bahn abschneidet, die den Zeiten proportioniert sind) gleichfalls mit untrüglicher Gewißheit dar, daß eine Kraft den Planet in dem ganzen Kreislaufe gegen den Mittel= punkt der Sonne unablässig treiben müßte. Diese Senkungs= kraft, die durch den ganzen Raum des Planetensystems herrschet und zu der Sonne hinzielet, ist also ein aus= gemachtes Phänomenon der Natur, und ebenso zuverlässig ist auch das Gesetz erwiesen, nach welchem sich diese Kraft von dem Mittelpunkt in die fernen Weiten erstrecket. Sie nimmt immer umgekehrt ab, wie die Quadrate der Ent= fernungen von demselben zunehmen. Diese Regel fließt auf eine ebenso untrügliche Art aus der Zeit, die die Planeten in verschiedenen Entfernungen zu ihren Umläufen ge= brauchen. Diese Zeiten sind immer wie die Quadratwurzel aus den Kubis ihrer mittleren Entfernungen von der Sonne; woraus hergeleitet wird, daß die Kraft, die diese Himmelskörper zu dem Mittelpunkte ihrer Umwälzung treibt, in umgekehrtem Verhältnisse der Quadrate des Abstandes abnehmen müsse.

Eben dasselbe Gesetz, was unter den Planeten herrscht, insofern sie um die Sonne laufen, findet sich auch bei den kleinen Systemen, nämlich denen, die die um ihre Haupt= planeten bewegten Monde ausmachen. Ihre Umlaufs= zeiten sind ebenso gegen die Entfernungen proportioniert, und setzen ebendasselbe Verhältnis der Senkungskraft gegen den Planeten fest, als dasjenige ist, dem dieser zu der Sonne hin unterworfen ist. Alles dieses ist aus der untrüglichsten Geometrie, vermittels unstreitiger Beobach= tungen, auf immer außer Widerspruch gesetzt. Hierzu kommt noch die Idee, daß diese Senkungskraft eben der= selbe Antrieb sei, der auf der Oberfläche des Planeten die Schwere genannt wird, und der von diesem sich stufen= weise nach dem angeführten Gesetze mit den Entfernungen vermindert. Dieses ersiehet man aus der Vergleichung der Quantität der Schwere auf der Oberfläche der Erde mit der Kraft, die den Mond zum Mittelpunkte seines Kreises hintreibt, welche gegeneinander ebenso wie die Attraktion in dem ganzen Weltgebäude, nämlich im umgekehrten Verhältnis des Quadrats der Entfernungen ist. Dies ist die Ursache, warum man oftgemeldete Zentralkraft auch die Gravität nennet.

Weil es überdem auch im höchsten Grade wahrscheinlich ist, daß, wenn eine Wirkung nur in Gegenwart und nach Proportion der Annäherung zu einem gewissen Körper geschieht, die Richtung derselben auch aufs genaueste auf diesen Körper beziehend ist, zu glauben sei, dieser Körper sei, auf was für Art es auch wolle, die Ursache derselben, so hat man um deswillen Grund genug zu haben vermeinet, diese allgemeine Senkung der Planeten gegen die Sonne einer Anziehungskraft der letzteren zuzuschreiben und dieses Vermögen der Anziehung allen Himmelskörpern überhaupt beizulegen.

Wenn ein Körper also diesem Antriebe, der ihn zum Sinken gegen die Sonne oder irgendeinen Planeten treibt, frei überlassen wird, so wird er in stets beschleunigter Bewegung zu ihm niederfallen und in kurzem sich mit desselben Masse vereinigen. Wenn er aber einen Stoß nach der Seite hin bekommen hat, so wird er, wenn dieser nicht so kräftig ist, dem Drucke des Sinkens genau das Gleichgewicht zu leisten, sich in einer gebogenen Bewegung zu dem Zentralkörper hineinsenken, und wenn der Schwung, der ihm eingedrückt worden, wenigstens so stark gewesen, ihn, ehe er die Oberfläche desselben berührt, von der senkrechten Linie um die halbe Dicke des Körpers im Mittelpunkte zu entfernen, so wird er nicht dessen Oberfläche berühren, sondern, nachdem er sich dichte um ihn geschwungen hat, durch die vom Fall erlangte Geschwindigkeit sich wieder so hoch erheben, als er gefallen war, um in beständiger Kreisbewegung um ihn seinen Umlauf fortzusetzen.

Der Unterschied zwischen den Laufkreisen der Kometen und Planeten bestehet also in der Abwiegung der Seitenbewegung gegen den Druck, der sie zum Fallen treibt, welche zwei Kräfte, je mehr sie der Gleichheit nahe kommen, desto ähnlicher wird der Kreis der Zirkelfigur, und je ungleicher sie sind, je schwächer die schießende Kraft in Ansehung

77

der Zentralkraft ist, desto länglichter ist der Kreis, oder, wie man es nennt, desto exzentrischer ist er, weil der Himmels= körper in einem Teile seiner Bahn sich der Sonne weit mehr nähert als im anderen.

Weil nichts in der ganzen Natur auf das genaueste abgewogen ist, so hat auch kein Planet eine ganz zirkel= förmige Bewegung; aber die Kometen weichen am meisten davon ab, weil der Schwung, der ihnen zur Seite ein= gedrückt worden, am wenigsten zu der Zentralkraft ihres ersten Abstandes proportioniert gewesen.

Aus Benzenbergs Buch „Versuche über die Umdrehung der Erde" [102]) (1804).

Galilei sagte in seinen Gesprächen, daß sich keine Versuche über die Bewegung der Erde anstellen ließen, weil der Erfolg sich ebensogut aus der bewegten Erde, als aus der ruhenden erklären ließ. Er übersah hier den Umstand, daß nur bei geradliniger Bewegung absolute Ruhe von relativer nicht zu unterscheiden ist. Sobald aber die Bewegung krummlinig ist, sind die verschiedenen Teile, welche bewegt werden, nicht mehr in absoluter relativer Ruhe, sondern nur (wenn ich so sagen darf) in einer relativ relativen Ruhe.   .

Zur Vergleichung der Geschwindigkeiten zweier Punkte hatte man ein sehr einfaches Mittel; der Satz der Mechanik, daß ein Körper seine Bewegung, die er einmal hat, durch eine neue Bewegung, die ihm mitgeteilt wird, nicht wieder verliert, war bekannt. Und ebenso bekannt war es: daß, wenn man von der Spitze des Mastes eines segelnden Schiffes [103]) oder von der Spitze eines Turms eine Kugel fallen ließ, beide während des Falls die Bewegung be= hielten, die ihnen in der Spitze mitgeteilt war.

Ließ man daher von einer beträchtlichen Höhe eine genau gedrehte Kugel an einer Skala herunterfallen, so war Skala und Kugel im ersten Moment des Falles ruhend gegeneinander, weil beide dieselbe Bewegung nach Osten hatten. — Bei weiterem Fall geht aber die Kugel an Teilen der Skala vorbei, welche einem kleineren Halbmesser an= gehören und also eine immer kleinere und kleinere Be=

wegung nach Osten haben. Sie muß diesen also voreilen, wenn sich die Erde bewegt. Und eilt sie ihnen nicht vor so dreht sich auch die Erde nicht um ihre Achse. Dieses lehrte Newton [104]) im Jahre 1679.

Nach 112 Jahren unternahm es Guglielmini [105]), ein junger Geometer in Bologna, derartige Versuche auf dem dortigen Turme degli Asinelli [106]) anzustellen. Die großen Schwierigkeiten, die sich ihm bei diesen Versuchen entgegenstellten, überwand er durch Scharfsinn und Beharrlichkeit, und er ruhte nicht eher, bis er seinen Versuchen die Genauigkeit gegeben hatte, welche nötig war, um die große Frage über die Bewegung der Erde zu bejahen.

Die Versuche von Guglielmini wurden von den Naturforschern mit großer Teilnahme aufgenommen. Denn obschon jetzt keiner mehr an der Umdrehung der Erde zweifelte, so war es doch angenehm, einen Beweis für die Achsendrehung zu haben, welcher der faßlichste von allen war. Man sah auf diese Weise gleichsam die Erde sich drehen; wenigstens sah man eine unmittelbare und sehr in die Augen fallende Wirkung dieser Drehung. Dieser Beweis war so evident, daß er sicher Tycho und Riccioli zu Kopernikanern gemacht hätte, wenn man ihn vor hundert Jahren mit aller Eleganz angestellt hätte, deren er fähig ist.

Bei meinen Versuchen im Michaelisturm [107]) fand noch eine kleine Verschiedenheit zwischen der Theorie und der Erfahrung statt. Es war deswegen notwendig, daß dieselben Versuche noch einmal und unter ganz verschiedenen Umständen wiederholt wurden. Dieses geschah, indem ich die Versuche, die man bis jetzt nur über der Erde angestellt hatte, unter der Erde in einem Bergwerk [108]) wiederholte. Durch diese neue Reihe ist es nun entschieden, daß die Kugeln bloß nach Osten von der Lotlinie abweichen.

Es ist unstreitig der überzeugendste Beweis von der Achsendrehung der Erde, daß genau gedrehte Kugeln, die in großen Höhen mit aller Sorgfalt losgelassen werden, nicht senkrecht fallen, sondern östlich vom Lote abweichen. Man sieht hierbei einen unmittelbaren Beweis von der Bewegung der Erde, der so überzeugend ist, daß jedermann ihn begreift, und den selbst Ptolemäus, Tycho und Riccioli nicht würden haben leugnen können [109]).

Anmerkung [110]) der Inquisition zu **S e t t e l e s** Buch „Elemente der Optik und Astronomie".

Ein System, das anscheinend dem buchstäblichen Sinn der heiligen Schrift widersprach, über keinen Tatsachen= beweis verfügte und die Möglichkeit zu großen Verwirrungen in sich schloß, konnte gewiß nicht von den Katholiken zu= gelassen werden, die an der Regel festhalten, man dürfe vom buchstäblichen Sinn der Bibel nicht abgehen, wenn man nicht ganz gewiß sei, daß derselbe zu einer Sinnlosig= keit führe. Die Verdammung dieses Systems stützte sich somit auf philosophische Ungereimtheiten, aber diese schwanden bald darauf, da die Entdeckung des Gewichts der Luft durch **T o r r i c e l l i** im Jahre 1645 die Meinung widerlegte [111]), daß die Umdrehung der Erde Verwirrungen auf dieser hervorrufen müsse [112]).

Die erste Messung der Entfernung eines Fixsterns durch Fr. W. B e s s e l [113]) (1838).

Als **K o p e r n i k u s** zu dem großartigen Ergebnis gelangt war, daß nicht nur die Planeten, sondern auch die Erde sich um die Sonne bewege, da konnte nicht mehr bezweifelt werden, daß alle von der Erde aus gesehenen Gegenstände, die an der Bewegung der Erde nicht Anteil nehmen, Bewegungen an der Himmelskugel zeigen müssen, selbst wenn sie an sich unbeweglich sind. Da nämlich die Erde während eines Jahres durch alle Punkte ihrer Bahn läuft, so müssen alle während dieser Zeit von ihr nach einem nicht mit ihr bewegten Punkte gezogenen Gesichts= linien sich in diesem Punkte schneiden, also nach und nach verschiedene Richtungen annehmen; mit andern Worten, der Punkt muß seine Richtungen stetig verändern und während des Jahres eine Bahn an der Himmelskugel zu durchlaufen scheinen. Auch die Fixsterne müssen also diese scheinbaren Bewegungen zeigen und dadurch ihre Stellung verändern. Sie müssen diese Änderungen desto größer zeigen, je näher und um so kleiner, je weiter entfernt sie sind; und aus der Größe, in welcher sie sich zeigen, muß sich ihre Entfernung erkennen lassen.

Dieser offenbar richtigen Folgerung aus der koperni=

kanischen Lehre wird aber durch eine ältere Lehre wider=
sprochen, welche behauptet, daß die Firsterne ihre Stellung
nicht ändern. Als Kopernikus mit seinem Welt=
system hervortrat, traten auch Widersprüche dagegen auf,
und unter diesen zeichnete sich der eben angeführte sowohl
durch sein Gewicht als durch die Folgen, welche er hatte,
aus. Wirklich waren die Feinde der neuen Lehre voll=
kommen berechtigt, von den Freunden derselben zu fordern,
daß sie die Bewegungen nachwiesen, welche die Firsterne
zufolge dieser Lehre notwendig haben müssen. Auch
konnten die Kopernikaner sich nicht anders schützen als
durch die Annahme, die Entfernungen der Firsterne seien
so groß, daß selbst die bedeutende Ortsveränderung, welche
die Erde in einem halben Jahre erfährt, nur so kleine Ver=
änderungen ihrer Richtungen hervorbringe, daß sie schwer
zu erkennen seien und sich mit den Unvollkommenheiten
der Beobachtungen bis zum Unkenntlichwerden vermischen.

Mit dem neuen Weltsysteme zugleich trat also die
Aufgabe hervor, die Schärfe der astronomischen Beobach=
tungen so zu vergrößern, daß sie die Bewegungen der
Firsterne nicht mehr verbergen, sondern ihre Größe an=
geben und dadurch die Entfernungen dieser Sterne selbst
bestimmen.

Ein Firstern erscheint von der Erde aus an einem
Punkte der Himmelskugel, welcher dem Punkte gerade
entgegengesetzt ist, in dem die Erde von dem Firsterne aus
erscheinen würde. Während die Erde jährlich ihre Bahn
durchläuft, beschreibt also der Firstern eine scheinbare Bahn
an der Himmelskugel, welche der Bahn der Erde, wie sie
von dem Sterne zu sehen ist, sowohl der Figur als der Größe
nach vollkommen gleich ist. Die Bahn der Erde wird aber
von dem Sterne aus in derselben Figur gesehen, in welcher
ein schief gesehener Kreis erscheint, nämlich in der Figur
einer Ellipse, und zwar in einer desto weniger geöffneten,
je kleiner der Winkel ist, unter welchem die von dem Sterne
nach der Sonne gezogene gerade Linie die Ebene der Erd=
bahn schneidet. Verschwindet dieser Winkel ganz, oder
befindet sich der Stern in der erweiterten Ebene der Erd=
bahn selbst, so verschwindet auch die Öffnung der Ellipse,
oder diese zieht sich in eine gerade Linie zusammen. Mit

dem größer werdenden Winkel wird auch ihre Öffnung größer, und wenn der Winkel ein rechter ist, oder der Stern senkrecht über der Sonne steht, erscheint auch die Erdbahn von dem Sterne gesehen in ihrer wahren, nicht durch die Perspektive veränderten Gestalt, welche bekanntlich eine kaum von einem Kreise zu unterscheidende Ellipse ist. Die Größe, in welcher die Erdbahn von dem Sterne gesehen wird, hängt dagegen nicht von der Neigung der Gesichts= linie gegen die Ebene der Bahn, sondern allein von der Entfernung des Sternes ab; beträgt diese 57 Halbmesser der Erdbahn, so wird der Radius derselben unter einem Winkel von einem Grad gesehen; beträgt sie 3438 Halb= messer, so erscheint der Halbmesser der Erdbahn eine Minute groß; beträgt die Entfernung 206 265 Halbmesser, so geht die scheinbare Größe des Radius der Erdbahn auf eine Sekunde herab [114]).

Offenbar müssen die Beobachtungen, durch welche diese jährliche Parallaxe [115]) eines Fixsterns bestimmt werden soll, desto genauer sein, je kleiner die Parallaxe ist.

Die Bestimmung der Entfernung eines Fixsterns, dessen jährliche Parallaxe 30 Sekunden oder 5 Sekunden oder ½ Sekunde beträgt, der also bzw. 6876, 41 253, 412 530 Erdbahnradien entfernt ist, ist nicht schwieriger als die Messung des Abstandes eines eine Meile entfernten Gegenstandes von einer Standlinie aus, deren Länge bzw. 7 Fuß, 14 Zoll, $1^2/_5$ Zoll beträgt. Hat die jährliche Parallaxe eines Fixsterns z. B. die Größe einer halben Sekunde, oder ist derselbe 412 530 Erdbahnradien entfernt, so kann man nicht eher erwarten, das Vorhandensein dieser Parallaxe durch Beobachtungen zu entdecken, als bis es gelungen ist, diesen eine so große Schärfe zu geben, daß sie schon bei einer Ortsveränderung von $1^2/_5$ Zoll eine Veränderung der Richtung nach einem eine Meile entfernten Gegen= stande angeben.

Als ich die Genauigkeit kennen lernte, welche das Ende 1829 aufgestellte große Heliometer [116]) der Königsberger Sternwarte den Beobachtungen geben kann, hegte ich die Hoffnung, daß es durch dieses Instrument endlich ge= lingen werde, die sich den bisherigen Versuchen trotz ihrer wachsenden Genauigkeit hartnäckig entziehende jähr=

liche Parallaxe der Fixsterne in günstigen Fällen zu be=
stimmen.

Zum Gegenstand meiner Beobachtungen habe ich die
jährliche Parallaxe des 61. Sterns des Schwans gemacht,
eines kleinen, dem bloßen Auge kaum sichtbaren Gestirns,
das aber nichtsdestoweniger für den nächsten oder einen
der nächsten von allen Fixsternen gehalten werden kann
und dadurch Anspruch auf vorzugsweise Berücksichtigung
verdient. Es ist seit der Mitte des vorigen Jahrhunderts
bekannt, daß mehrere Fixsterne eigentümliche, stetig fort=
schreitende Bewegungen an der Himmelskugel zeigen,
welche eine Änderung ihrer Stellung gegen benachbarte
Sterne zur Folge haben und endlich die Gruppen, in welchen
die Fixsterne erscheinen, gänzlich umgestalten werden.

Der 61. Stern des Schwans besitzt nun die größte von
allen Eigenbewegungen, welche sich unter den Fixsternen
gezeigt hat; sie beträgt jährlich mehr als 5 Sekunden. Als
ich die große Eigenbewegung des 61. Sterns des Schwans
erkannte, hob ich die Aussicht hervor, seine jährliche Parallaxe
größer zu finden als die fruchtlos gesuchten jährlichen
Parallaxen anderer Sterne.

Wegen seiner großen eigenen Bewegung also habe ich
den 61. Stern des Schwans zum Gegenstande meiner gegen=
wärtigen Beobachtungen gewählt; er ist ferner ein Doppel=
stern, den ich mit größerer Genauigkeit als einen einzelnen
Stern beobachten zu können glaubte; er ist endlich von
vielen kleinen Sternen umgeben, unter denen sich Ver=
gleichspunkte nach Belieben auswählen ließen.

Meine Beobachtungen sind Messungen der Abstände
des in der Mitte zwischen den beiden Sternen des Doppel=
gestirns liegenden Punktes von zwei Sternen der neunten
bis zehnten Größe, welche sich in seiner Nähe finden, und
welche ich a und b nennen werde.

Was fortgesetzte Messungen der Entfernung des
Sternes 61 (der Mitte) von jedem der beiden gewählten
Sterne a und b über die jährliche Parallaxe lehren können,
geht aus der oben gegebenen Entwicklung der Erscheinung,
welche die Parallaxe verursacht, hervor. Der Stern 61
bewegt sich an der Himmelskugel in einer Ellipse, deren
Figur durch die Lage des Sterns gegen die Ebene der Erd=

bahn beſtimmt iſt, und deren größter Durchmeſſer das Doppelte ſeiner jährlichen Parallaxe iſt. Auch der Der= gleichsſtern beſchreibt eine Ellipſe von derſelben Figur. Dieſe iſt aber in dem Verhältnis kleiner, in welchem ſeine jährliche Parallaxe kleiner iſt als diejenige von 61. Beide Sterne durchlaufen ihre Ellipſen auf gleiche Art, d. h. ſie befinden ſich immer an ähnlich liegenden Punkten der= ſelben. Ihr Abſtand erfährt alſo diejenigen Veränderungen, welche aus dem Unterſchiede der Größen beider Ellipſen hervorgehen.

Die jährliche Parallaxe des 61. Sterns des Schwans habe ich etwas größer als $^{31}/_{100}$ einer Sekunde gefunden [117]. Es folgt daraus, daß ſein Abſtand 657 700 Halbmeſſer der Erdbahn beträgt. Das Licht gebraucht etwas über 10 Jahre, um dieſe große Entfernung zu durchlaufen. Sie iſt ſo groß, daß ſie nicht verſinnlicht werden kann. Alle Der= ſuche, ſie anſchaulich zu machen, ſcheitern entweder an der Größe der Einheit, wodurch ſie gemeſſen werden ſoll, oder an der Zahl der Wiederholungen dieſer Einheit. Die Ent= fernung, welche das Licht in einem Jahre durchläuft, iſt nicht anſchaulicher als die, welche es in zehn Jahren zurück= legt. Wählt man dagegen eine anſchauliche Einheit, z. B. die Entfernung von 200 Meilen, welche ein Dampfwagen täglich durchlaufen kann, ſo ſind 68 000 Millionen ſolcher Tagesreiſen oder faſt 200 Millionen Jahresreiſen zur Durch= meſſung des Abſtandes jenes Sternes erforderlich.

Aus der Abhandlung von L. Foucault[118] „Phyſikaliſcher Beweis von der Achſendrehung der Erde mittelſt des Pendels" (1851).

Die Pendelbeobachtungen, welche ich heute vorzu= legen gedenke, betreffen hauptſächlich die Richtung der Schwingungsebene, welche, indem ſie ſich langſam von Oſten nach Weſten dreht, eine ſichtbare Anzeige der täg= lichen Bewegung des Erdkörpers liefert.

Ich nehme an, der Beobachter befinde ſich auf dem Pol und habe daſelbſt ein Pendel, beſtehend aus einer ſchweren homogenen Kugel, die mittels eines biegſamen Fadens an einem durchaus feſten Punkte hängt. Ebenſo

84

setze ich zuvörderst voraus, daß dieser Aufhängepunkt genau in der Verlängerung der Erdachse liege, und daß die ihn tragenden Stützen nicht teilnehmen an der täglichen Bewegung. Wenn man unter diesen Umständen das Pendel aus seiner Gleichgewichtslage ablenkt und es, ohne ihm einen Seitenstoß mitzuteilen, der Wirkung der Schwerkraft überläßt, so schwingt die Masse in einem Kreisbogen, dessen Ebene wohl bestimmt ist und vermöge der Trägheit eine unveränderte Lage im Raume bewahrt.

Wenn also diese Schwingungen eine gewisse Zeit hindurch andauern, so wird die Bewegung der Erde, die sich unaufhörlich von Westen nach Osten dreht, sichtbar durch den Gegensatz mit der Unbeweglichkeit der Schwingungsebene, deren Projektion auf den Boden eine übereinstimmende Bewegung mit der scheinbaren der Himmelskugel zu besitzen scheint; und wenn die Schwingungen sich 24 Stunden lang fortsetzen, wird die Projektion ihrer Ebene in derselben Zeit eine volle Drehung um die Vertikalprojektion des Aufhängepunktes ausführen.

Das sind die idealen Bedingungen, unter welchen die Achsendrehung der Erde für die Beobachtung augenscheinlich wird. Allein in Wirklichkeit ist man genötigt, einen Stützpunkt auf einem sich bewegenden Boden zu nehmen; die starren Stücke, an welchen man das obere Ende des Pendelfadens befestigt, können der täglichen Bewegung nicht entzogen werden; daher könnte man im ersten Augenblick fürchten, daß diese dem Faden und der Pendelmasse mitgeteilte Bewegung die Richtung der Schwingungsebene ändere. Indessen hat mir der Versuch gezeigt, daß man den Faden, sobald er nur rund und homogen ist, ziemlich rasch in diesem oder jenem Sinn um sich selbst drehen kann, ohne merklich auf die Lage der Schwingungsebene einzuwirken.

In dem Maße, als man sich dem Äquator nähert, nimmt die Horizontalebene eine immer schiefere Lage gegen die Erdachse an, und die Senkrechte, statt wie an dem Pole sich selbst um sich zu drehen, beschreibt einen stets offneren Kegel. Daraus entspringt eine Verzögerung in der scheinbaren Bewegung der Schwingungsebene, einer Bewegung, die sich unter dem Äquator annulliert, und in der andern Halbkugel ihre Richtung umkehrt. Ich muß mich hier mit der Angabe begnügen, daß die Winkel= bewegung der Schwingungsebene gleich ist der Winkel= bewegung der Erde in derselben Zeit multipliziert mit dem Sinus der geographischen Breite [119]). Die Wirklich= keit der vorausgesehenen Erscheinung habe ich sowohl seiner Richtung als seiner wahrscheinlichen Größe nach festgestellt.

In den Scheitelpunkt eines Kellergewölbes wurde ein starkes gußeisernes Stück eingelassen, und dieses lieferte den Tragpunkt für den Aufhängefaden. Dieser bestand aus einem Stahldraht von 0,6 bis 1,1 Millimeter im Durch= messer. Er hatte eine Länge von 2 Metern und trug am unteren Ende eine abgedrehte und polierte Messingkugel, die 5 Kilogramm wog. Um die Kugel aus der Gleich= gewichtslage abzulenken, schlingt man einen Faden herum, dessen anderes Ende an einen festen Punkt in der Mauer, in geringer Höhe über dem Boden, geknüpft ist. Sobald man das Pendel vollständig beruhigt hat, brennt man den Faden durch; er reißt, die um die Kugel gelegte Schleife fällt zu Boden, und das Pendel, alleinig von der Schwer= kraft getrieben, setzt sich in Gang und macht eine lange Reihe von Schwingungen, deren Ebene sich bald merklich verschiebt. Nach Verlauf einer halben Stunde ist die Ver= schiebung bereits so groß, daß sie in die Augen springt. Ich konnte den Versuch auch schon in größerem Maßstabe wiederholen. Die Höhe des Meridiansaals der Stern= warte [120]) benutzend, konnte ich dem Faden des Pendels eine Länge von 11 Metern geben. Die Schwingung war langsamer und größer, so daß schon nach zweimaliger Rückkehr des Pendels eine merkliche Abweichung des Pendels nach der Linken hin deutlich ward.

VII. Anmerkungen.

1. Archimedes (287—212 v. Chr.) gibt in keiner „Sand=rechnung" eine Ermittlung der Sandkörnermenge, mit der die Fix=sternsphäre ausgefüllt werden kann.

2. Aristarch lebte um die Mitte des dritten Jahrhunderts vor Christus.

3. Die betreffende Schrift des Aristarch ist leider nicht erhalten. Einzelheiten aus keiner Lehre sind daher nicht bekannt.

4. Cicero (106—43 v. Chr.), als Staatsmann und Redner bekannt, veröffentlichte die betreffende Schrift im Jahre 45 v. Chr.

5. Niketas war ein Philosoph aus der Schule der Pytha=goräer.

6. Theophrast (371—286 v. Chr.) aus Lesbos stand als Philosoph in hohem Ansehen bei den Athenern.

7. Auch heute noch sind die Meinungen über diese Stelle geteilt, wir sehen daher von ihrer Wiedergabe ab.

8. Die betreffende Schrift von Plutarch (um 46—120 n. Chr.) ist in Form eines Dialogs von acht Personen abgefaßt. Die angeführten Worte sind dem Römer Lucius in den Mund gelegt.

9. Die Erdbahn soll gegen den Äquator geneigt sein. Dies ist wirklich der Fall und bedingt die verschiedenen Tageslängen und Jahreszeiten.

10. Über diese Anklage sind wir leider nicht genauer unter=richtet. Schon das Altertum kennt den Streit zwischen Naturwissen=schaft und Kirche!

11. Der Philosoph Philolaos aus Crotona lebte um 450 v. Chr.

12. Herakleides lebte um 325 vor Christi Geburt; er war ein Schüler von Plato und Aristoteles.

13. Über Ekphantus sind wir nicht weiter unterrichtet.

14. Claudius Ptolemäus, der in der ersten Hälfte des zweiten nachchristlichen Jahrhunderts in Alexandrien lebte, war einer der berühmtesten Astronomen des Altertums. Sein astro=nomisches Hauptwerk, meist nach dem arabischen Titel „Almagest" genannt, enthält das „geozentrische" System, das eine ruhende Erde im Mittelpunkte der Welt annimmt.

15. An solchen Orten sind die Tagesbahnen der Sonne und Sterne in schräger Stellung zum Horizont, was z. B. bei uns der Fall ist.

16. Hier stehen die Bahnebenen senkrecht zum Horizont. Diese Erscheinung tritt für Punkte des Erdäquators auf.

17. Das heißt die scheinbare jährliche Bahn der Sonne zwischen den Fixsternen. Sie verläuft durch die „12 Zeichen des Tierkreises", von denen im folgenden gesprochen wird.

18. Ein aus Metallreifen bestehendes älteres astronomisches Meßinstrument.

19. M a r c i a n u s C a p e l l a (Ende des 5. Jahrh. n. Chr.) schrieb ein in den Klosterschulen viel benutztes Lehrbuch, das alles Wissenswerte der verschiedensten Gebiete enthielt. N o t k e r übertrug es in das Althochdeutsche.

20. Der Wendekreis des Krebses bzw. Steinbocks ist die (scheinbare) Sonnenbahn am 21. Juni bzw. 21. Dezember.

21. Der „Kurze Abriß" über die vermutlichen Himmels= bewegungen" wurde von K o p e r n i k u s wahrscheinlich zu An= fang der dreißiger Jahre des 16. Jahrhunderts geschrieben. Nach einem Rückblick über die früheren kosmischen Systeme wird die heliozentrische Lehre ohne mathematische Ableitung in aller Kürze entwickelt. Die Schrift galt lange als verschollen und wurde erst in der Neuzeit von dem verdienstvollen Kopernikusforscher C u r t z e (1837—1903) wieder entdeckt und (1878) veröffentlicht.

22. Näheres über diesen in der „Einleitung".

23. Die weiteren Ausführungen sind hier nicht gegeben. Man sehe dazu die mitgeteilten Stücke aus dem Hauptwerke.

24. G e o r g J o a c h i m R h e t i c u s (1514—76) war Professor der Mathematik an der Universität Wittenberg. In jugendlicher Begeisterung über die Lehre des K o p e r n i k u s, von der er auf seinen Wanderzügen gehört, suchte er im Frühjahre 1539 den einsamen Gelehrten in Frauenburg auf. Bereits zehn Wochen nach seiner Ankunft schrieb er den „Ersten Bericht über des Kopernikus Buch von den Umwälzungen" nieder (erschien 1540 in Danzig). Im Herbst 1541 lehrte Rheticus wieder nach Witten= berg zurück. Ein treffliches trigonometrisches Tabellenwerk hat keinen Namen berühmt gemacht.

25. Der „Erste Bericht" hat die Form eines Briefes an den Mathematiker J o h a n n e s S c h o n e r (1477—1547) zu Nürn= berg. R h e t i c u s war ein Schüler von S c h o n e r und besuchte ihn vor keiner Reise nach Frauenburg zwecks Aussprache über das System des K o p e r n i k u s, den er in seinem Bericht „Lehrer" nennt.

26. G a l e n u s (131—201 n. Chr.) war ein sehr vielseitiger und tüchtiger Arzt, der den Zusammenhängen der einzelnen Zweige der Medizin äußerste Beachtung schenkte.

27. Gemeint ist der in Anm. 25 erwähnte Besuch bei S c h o n e r.

28. G e o r g P e u r b a c h (1432—61) war Astronom an der Wiener Universität. Für die Dervollkommnung der Planeten= theorie auf ptolemäischer Grundlage entfaltete er eine reiche Tätig= keit, der sein früher Tod zu rasch ein Ende bereitete. Die bedeutendsten Schüler P e u r b a c h s waren K o p e r n i k u s und R e g i o = m o n t a n.

29. R e g i o m o n t a n u s (1436—76) folgte seinem Lehrer P e u r b a c h im Amte nach. Von 1471—1475 lebte er zu Nürn= berg und starb 1476 in Rom, wohin ihn Papst S i x t u s IV. zur geplanten Kalenderreform berufen hatte. Er erwarb sich große

Verdienste um die Trigonometrie. Seine astronomischen Tafel=
werke waren hochgeschätzt und wurden viel gebraucht.

30. Der Magistrat von Nürnberg hatte mehrere Werke aus
der Hinterlassenschaft des R e g i o m o n t a n u s gekauft und die
Herausgabe an S c h o n e r übertragen.

31. O s i a n d e r (1498—1552) war der erste lutherische
Prediger in Nürnberg. Der Brief ist die Antwort auf ein nicht mehr
vorhandenes Schreiben von K o p e r n i k u s vom 1. Juli 1540.
Osianders Anschauung wurde weder von K o p e r n i k u s, noch
von R h e t i c u s gebilligt. Trotzdem wurde er von letzterem mit
der Aufsicht des Druckes von K o p e r n i k u s' Hauptwerk betraut.

32. Damit sind die Anhänger des traditionellen Systems
(von P t o l e m ä u s) gemeint.

33. K o p e r n i k u s spielt hier auf eine Stelle bei H o r a z
an (Epistel an die Pisonen): „Wenn du einmal etwas schreiben
willst, so sei's neun Jahre geborgen auf dem Papier in festem Ver=
schluß."

34. Auch hier ist auf H o r a z angespielt, der zu Beginn der
vorstehend erwähnten Epistel denselben Gedanken ausspricht.

35. Die betreffende Stelle bei C i c e r o haben wir auf Seite 15
in Übersetzung wiedergegeben.

36. Hier fügt K o p e r n i k u s im griechischen Original=
text den Abschnitt aus P l u t a r c h ein, den wir auf Seite 15 gaben.

37. Der „christliche Cicero" L a c t a n t i u s (gest. 340), der
redegewandte Erzieher des ältesten Sohnes von Konstantin dem
Großen, leugnete die Kugelgestalt wegen der Unsinnigkeit der
Antipoden („Gegenfüßler"). Auf der Gegenseite der Erde müßten
ja sonst die Menschen die Füße in der Luft haben, Getreide und
Bäume mit den Spitzen abwärts hängen, Regen, Schnee und Hagel
von der Erde weg fallen!!

38. P a u l v o n M i d d e l b u r g (1455—1534), Mathe=
matiker und Astronom, war seit 1494 Bischof zu Fossembrone. Er
drängte auf eine Beratung der Kalenderfrage und machte bestimmte
Vorschläge, zu denen er sich auch den Rat des K o p e r n i k u s
eingeholt hatte. Das Lateranische Konzil (1514) brachte die Kalender=
reform aber nicht.

39. Hier greift O s i a n d e r mit seinem Bedenken die Lehre
des K o p e r n i k u s an. Die Venus erscheint uns in Erdennähe
deshalb nicht größer, weil sie dann nur als schmale Sichel — in
Erdferne aber als Kreisscheibe — erscheint. Zu jener Zeit war
diese Erscheinung, die gegen P t o l e m ä u s spricht, noch nicht
bekannt, sie wurde erst 1610 durch G a l i l e i entdeckt, als er sein
Fernrohr nach der Venus richtete. Siehe auch Anm. 42 und 67.

40. Diese Folgerungen sind zwar richtig; es ist aber durch
nichts berechtigt, von vornherein gleiche Geschwindigkeiten für die
Planeten anzusetzen.

41. Venus und Merkur entfernen sich immer nur wenig von
der Sonne, so daß sie nur kurz vor Sonnenaufgang bzw. nach Sonnen=
untergang gesehen werden können (Morgen= bzw. Abendsterne).

42. Nach dem ptolemäischen System m u ß t e n Phasen von

Denus und Merkur unmöglich fein; nach den Syftemen von K o =
p e r n i k u s und T y ch o B r a h e müffen fie unbedingt auf=
treten.

43. Diefe Erfcheinung tritt aber auf, nur war fie zu jener
3eit noch nicht bekannt. Der erfte mit Sicherheit beobachtete und
feiner Natur nach richtig erkannte „Denusdurchgang" fiel in das
3ahr 1639. Wie E d m u n d h a l l e y (1656—1724) ermittelte,
eignen fich Denusdurchgänge fehr gut zur Meffung von Größe und
Entfernung der Sonne. Leider find diefe für die Aftronomie hoch=
wichtigen Ereigniffe fehr felten. Der letzte Denusdurchgang war
3. B. im 3ahre 1882, der nächfte wird erft im 3ahre 2004 eintreten.

44. Diefe Ausführungen werden von K o p e r n i k u s in
großer Breite gemacht, fie find hier ftark zufammengezogen.

45. Die betreffende Stelle haben wir auf Seite 19 wieder=
gegeben.

46. K o p e r n i k u s wird zu diefer Deklinationsbewegung
geführt, weil er glaubt, ohne fie bleibe die Erdachfe nicht ftets gleich=
gerichtet. Erft G a f f e n d i erkannte die phyfikalifche Notwendig=
keit für die andauernde Gleichrichtung der Erdachfe. Man fehe
Seite 73.

47. M e l a n ch t h o n (1497—1560) hat die Lehre des
K o p e r n i k u s niemals anerkannt, doch hat er feine Anfchauung
etwas gemildert. Es find daher entfprechende Stücke aus den Aus=
gaben der „Anfangsgründe" von 1549 und 1550 mitgeteilt. Die
fpäteren Ausgaben von 1555, 1562 und 1570 ftimmen in den an=
geführten Teilen mit der von 1550 überein.

48. T y ch o B r a h e — nicht T y ch o d e B r a h e, wie
man meift lieft — wurde Aftronom des Königs Friedrich II. von
Dänemark, der ihn 1576 die 3nfel hveen im Sund zu Lehen gab
und die Mittel zum Bau der Sternwarte Uranienborg bewilligte.
Eine Minderung feiner Einnahmequellen ufw. unter Chriftian IV.
veranlaßte feinen Wegzug von hveen (1597). Er trat fchließlich
als Mathematiker in die Dienfte von Kaifer Rudolf II. zu Prag.

49. Diefer Brief T y ch o s vom 24. November 1589 ift an
C h r i ft o p h R o t h m a n n gerichtet, der feit 1577 Aftronom des
Landgrafen Wilhelm IV. von heffen=Kaffel war. Er gehörte zu
den Anhängern der kopernikanifchen Lehre.

50. Diefe Größenangabe ift genau genug. Schon aus 5 Meter
höhe würde das Bleiftück in einer Sekunde den Erdboden erreichen.

51. Diefer Einwand hat keine Beweiskraft. T y ch o zweifelt
an der Wahrfcheinlichkeit, weil er eben überhaupt am Vorhanden=
fein einer endlichen Fixfternfphäre fefthält.

52. T y ch o s Berechnung wurde hier nicht vollftändig ge=
geben, da fie von viel zu großen Werten für die fcheinbaren Fixftern=
durchmeffer ausgeht.

53. Sie fällt überhaupt aus den phyfikalifchen Gründen, die
auf Seite 73 mitgeteilt werden.

54. 3 o h a n n e s K e p l e r (1571—1630) hatte zu Tübingen
Philofophie, proteftantifche Theologie und Mathematik ftudiert. Nach
dem Tode von T y ch o B r a h e, deffen Gehilfe er eine 3eitlang

gewesen, wurde er 1601 kaiserlicher Hofastronom und Mathematikus.
— Wir geben einen Ausschnitt aus der Schrift, in welcher der 25jährige
K e p l e r zuerst auf zahlenmäßige Beziehungen in den Planeten=
bahnen hinwies, ohne sie jedoch zu ergründen.

55. König A l f o n s X. von Kastilien und Leon (1223—84)
veranlaßte die Anfertigung astronomischer Tafeln, die man nach
ihm als „Alfonsinische T." bezeichnet.

56. K e p l e r bezieht die Planetensphären auf die fünf regel=
mäßigen Körper, die häufig auch als „platonische Vielflächner"
bezeichnet werden. Begrenzt werden:

das Tetraeder . . . von   4 gleichseitigen Dreiecken,
das Oktaeder . . .   „   8   „   „
das Jkosaeder . . .   „   20   „   „
der Würfel . . . .   „   6 Quadraten,
das Dodekaeder . .   „   12 regelmäßigen Fünfecken.

Die niedere Mathematik liefert den Beweis, daß es außer diesen
fünf regelmäßigen Körpern keine anderen geben kann.

57. K e p l e r sandte an G a l i l e i ein Exemplar der soeben
auszugsweise gegebenen Schrift und erhielt dafür ein Dankschreiben
von Galilei, das hier teilweise dargeboten wird.

58. G a l i l e i beantwortete leider diesen Brief nicht.

59. T y c h o hatte sehr eingehende Beobachtungen des Mars
angestellt, dessen Bahn starke Abweichungen von dem durch K o =
p e r n i k u s angenommenen Kreis zeigte. Mit einem ungeheuren
Fleiß erforschte K e p l e r den gewaltigen Stoff und fand nach
13jähriger Arbeit die beiden ersten Gesetze über die Planetenbahnen.
Diese Untersuchungen sind in der „Neuen Astronomie" niedergelegt,
die sich ihres streng mathematischen Charakters wegen auch zur
auszugsweisen Darbietung unter keinen Umständen eignet. Wir
geben hier in starker Kürzung die Widmung, die sich an Kaiser
Rudolf II. wendet.

60. T y c h o B r a h e begann die Abfassung dieses Werkes
1588 zu Uranienborg; es erschien aber erst 1610 zu Frankfurt a. M.

61. G a l i l e i konstruierte im Mai 1609 das (im Jahre 1608
wohl in Holland erfundene) Fernrohr. Schon nach zehn Monaten
veröffentlichte er die Schrift „Der Sternenbote", worin er von seinen
astronomischen Entdeckungen mit dem neuen Instrument berichtete.
Wie er auf dem Mond Berge und Täler sah, wie sich die Milchstraße
in ein Heer von zahllosen kleinen Sternen auflöste usw., wird darin
erzählt. Den Schluß bildet die Entdeckung der Jupitermonde, die
er — von Byzantinismus nicht ganz frei — als „Mediceische Ge=
stirne" bezeichnete.

62. G a l i l e i gibt für die einzelnen Tage jeweils die be=
treffende Beobachtung mit Skizze, was hier jedoch nicht mit der
gleichen Ausführlichkeit statthaft ist.

63. „Planeten" drückt den Gegensatz zu „Fixsterne" aus.

64. Die Umlaufszeit des Jupiter beträgt rund 12 Jahre.

65. D e m o k r i t (5. Jahrh. v. Chr.) = „der lachende Philo=
soph"; H e r a k l i t = „der weinende Philosoph". G a l i l e i
meint: Soll man da lachen oder weinen?

66. Giuliano di Medici, ein Freund Galileis, war toskanischer Gesandter in Prag. In einem Buchstabenrätsel hatte ihm Galilei am 11. Dezember 1610 die hochwichtige Entdeckung der Lichtphasen bei Venus mitgeteilt; die Lösung gab er in dem Briefe, aus dem wir ein anderes Stück zum Abdruck bringen.

67. Venus und Merkur können nur Lichtphasen zeigen, wenn sie sich um die Sonne bewegen, auf den Lauf der Erde kommt es dabei nicht an. Da also auch das System von Tycho Phasen von Venus und Merkur zuläßt, spricht Galileis Entdeckung nicht unbedingt für Kopernikus, wohl aber bestimmt gegen Ptolemäus.

68. Am 4. Dezember 1613 schrieb der Pater Castelli an Galilei, er habe bei einem Gespräch an der großherzoglichen Tafel zu Pisa nachzuweisen versucht, daß die Lehre des Kopernikus nicht im Widerspruch mit der Bibel stehe, nur die Großherzogin-Mutter, Christina von Lothringen, sei dem entgegengetreten. Galilei äußerte sich in dem hier auszugsweise gegebenen Briefe an Castelli (vom 21. Dezember 1613) über das „Hineinziehen der Bibel in naturwissenschaftliche Streitfragen". — Castelli (1577—1644), ein Schüler Galileis, gehörte seit 1595 dem Benediktinerorden an. Er war 1613—26 Professor der Mathematik zu Pisa, dann in Rom.

69. Der Brief an Castelli zirkulierte in Abschriften. Als Angriffe von der Kanzel aus erfolgten, legte Galilei seine Anschauungen auch in einem Brief an die Großherzogin-Mutter nieder (Anfang 1615).

70. Die Äußerungen Galileis kamen keinen Gegnern sehr gelegen. Eine Anzeige bei dem Präfekten der römischen Inderkongregation (7. Februar 1615) gab der kirchlichen Behörde Anlaß zum Einschreiten. Die theologischen Konsultoren wurden am 19. Februar 1616 beauftragt, über zwei Sätze ihr Gutachten zu erstatten, was am 23. Februar in der mitgeteilten Weise geschah.

71. Am 24. Februar wurde das Gutachten in einer Sitzung der Kardinäle der Inquisition vorgelegt, am 25. Februar wurde das Inderverbot (s. S. 55) beschlossen, außerdem erhielt Bellarmin seinen Auftrag, Galilei zum Aufgeben der Lehre aufzufordern. Der weitere Verlauf ist aus dem ersten Teil des Urteilsspruches (s. S. 66) zu ersehen.

72. Gemeint ist die „Kongregation des Inder (des Verzeichnisses der verbotenen Bücher)", der das literarische Zensoramt obliegt.

73. „Pythagoräer" bezieht sich auf Aristarch, Philolaos usw.

74. Von dem Augustinereremiten Diego de Zuñiga (gest. 1589) zu Salamanca erschien (1584 zu Toledo und 1591 zu Rom) ein Kommentar zum Buche Hiob. Der Verfasser geht dabei auf die Lehre des Kopernikus ein, die seiner Anschauung nach der Bibel nicht widerspricht.

75. Der Karmelitermönch Foscarini (1580 [?]—1616) ließ 1615 zu Neapel eine Schrift erscheinen, die die Lehre des Kopernikus anerkannte.

76. Wenn ein Buch „bis zur Korrektur suspendiert" worden ist, darf es erst gelesen werden, wenn die betreffenden Stellen, die Anlaß zum Einschreiten gegeben haben, ausgemerzt oder mindestens im gewünschten Sinne abgeändert sind.

77. Mit seinem „Dialog über die beiden hauptsächlichsten Weltsysteme" wollte G a l i l e i in möglichst allgemeinverständlicher Darstellung seine Ansichten über die Lehre von K o p e r n i k u s und p t o l e m ä u s veröffentlichen und zeigen, daß die Einwände gegen das heliozentrische System nicht stichhaltig sind. G a l i l e i läßt drei Personen sich über die beiden Weltsysteme unterhalten. Zwei sind nach verstorbenen Freunden und Schülern genannt: G i o v a n   F r a n c e s c o   S a g r e d o (1571—1620) und F i l i p p o   S a l v i a t i (1583—1614), der dritte Sprecher trägt den Namen S i m p l i c i o nach dem als Aristoteleskommentator bekannten peripatetischen Philosophen S i m p l i c i u s aus Cilicien (gest. 549). S a g r e d o erscheint im Dialog als der gebildete Laie, der Belehrung sucht; innerlich neigt er mehr dem System des K o p e r n i k u s zu, das er im Sinne einer fortschrittlichen Physik oft in hoher Begeisterung preist. Salviati vertritt die Anschauung G a l i l e i s; S i m p l i c i o erscheint als der richtige Büchergelehrte, als der konservative Vertreter der alten Physik und Astronomie. Die oft gedruckte Behauptung, S i m p l i c i o zeige sich als Einfaltspinsel — G a l i l e i s Gegner behaupteten sogar, mit dieser Figur sei der Papst gemeint! — ist völlig unrichtig. Was er vorträgt, entspricht lediglich der zünftigen Physik jener Zeit. Der ganze Dialog, dessen Schauplatz der Palast von Sagredo am Canale grande zu Venedig ist, erstreckt sich über vier Tage. Am ersten wird die Verwandtschaft des Himmels und der Erde behandelt; am zweiten wird gezeigt, daß die Bewegungserscheinungen des Alltags recht wohl mit der Achsendrehung der Erde vereinbar sind; das Gesprächsthema des dritten Tages bildet die Jahresbewegung der Erde; am vierten Tage wird versucht, Ebbe und Flut aus der Erdbewegung zu erklären, was aber (wie wir heute wissen) nicht angängig ist.

78. G a l i l e i hat derartige Fallversuche auf Schiffen offenbar gemacht, wenn er uns auch keine Einzelheiten davon irgendwo mitteilt.

79. Der Druck des Dialogs war im Februar 1632 beendet. Schon im August erhielt der Verleger auf päpstlichen Befehl die Weisung, das Buch nicht weiter zu verkaufen. — G a l i l e i hatte sich übrigens die Druckerlaubnis eingeholt. Zu große Nachgiebigkeit und Mangel an Scharfblick seitens der Zensoren machten es möglich, daß sie erteilt wurde!

80. C h i a r a m o n t i (1565—1652), der eine Zeitlang Professor für Philosophie in Pisa war, hatte 1621 einen „Anti-Tycho" geschrieben, eine Streitschrift über die Kometennatur. Als entschiedener Gegner der Lehre des K o p e r n i k u s wandte sich C h i a r a m o n t i mit seiner „Verteidigung..." gegen G a l i l e i s Dialog.

81. Am 1. Oktober 1632 wurde G a l i l e i vor das Gericht des h. Offiziums gefordert. Da man ihm keine schriftliche Ver-

teidigung geſtattete, begab ſich der 71jährige gebrechliche Greis im Februar 1633 nach Rom, unterzog ſich am 12. April dem erſten Derhör und war dann vom 12. bis 30. April und vom 21. bis 24. Juni im Jnquiſitionsgebäude in Haft. Was man als Schuld G a l i l e i s anſah, geht aus dem Urteil hervor, das wir hier geben. Es wurde am 22. Juni 1633 in einer Plenarſitzung des h. Offiziums im großen Saale des Dominikanerkloſters Santa Maria ſopra Minerva in italieniſcher Sprache verkündigt. G a l i l e i mußte es den Dor= ſchriften entſprechend im Stehen anhören.

82. G a l i l e i wurde 1564 als Sohn des Florentiners D i n z e n z o G a l i l e i, der als Muſikgelehrter einen Namen hatte, bei einem vorübergehenden Aufenthalt der Eltern zu Piſa geboren.

83. Die zu G a l i l e i s Zeit beſtehende Organiſation der oberſten römiſchen Jnquiſitionsbehörde (der „Kongregation des h. Offiziums") gab S i x t u s V. im Jahre 1586.

84. Die Schrift G a l i l e i s, auf die hier angeſpielt iſt, er= ſchien 1613. Sie bildete ein Glied in einem gelehrten Streite, den G a l i l e i mit dem Jeſuiten C h r. S c h e i n e r (1575—1650) wegen der Entdeckung der Sonnenflecken ausfocht, und der keinem der beiden Forſcher zur Ehre gereichte. Galilei hat wohl gerade durch dieſe Angelegenheit den Jeſuitenorden nicht günſtig für ſich geſtimmt.

85. Dieſe Stelle bezieht ſich auf den Brief an C a ſ t e l l i.

86. Mit der mehrfach vorkommenden Bezeichnung „unſer Herr" iſt der Papſt gemeint.

87. Die „Qualifikatoren" müſſen ſich darüber äußern, ob und in wieſern Sätze, die den Gegenſtand der Anklage bilden, un= katholiſch ſind.

88. Über dieſer wichtigen Derhandlung zwiſchen B e l l a r = m i n und G a l i l e i liegt tiefes Dunkel, da äußerſt triftige Gründe dafür ſprechen, daß das entſcheidende Aktenſtück nachträglich ge= fälſcht worden iſt, um den Prozeß von 1633 zu rechtfertigen.

89. Das „peinliche Derhör" („Examen rigorosum") kann — wie das auch geſchehen iſt — auf die Anwendung der Folter bei G a l i l e i gedeutet werden. Eine ſachliche Prüfung kommt aber zum Ergebnis, daß G a l i l e i zwar alle Schreckniſſe der Dor= folter, aber ganz gewiß nicht die körperliche Tortur hat erleiden müſſen.

90. „Du haſt katholiſch geantwortet" bedeutet in dieſem Zu= ſammenhange: „Du haſt verſichert, daß du, wie jeder gute Katholik, ſeit 1616 die Lehre des K o p e r n i k u s für falſch gehalten haſt, und daß du dir deiner Sündhaftigkeit bewußt geweſen biſt."

91. Die „Konſultoren" haben Gutachten abzugeben über die Dinge, die in den Sitzungen der Kardinäle zur Derhandlung kommen ſollen.

92. Der Fiskalprokurator iſt der „öffentliche Ankläger" im Prozeß.

93. Am Anfange und Ende des Urteils finden ſich die von uns nicht mitgeteilten Namen der Kardinäle. Drei der zuerſt ge=

nannten Richter haben das Urteil nicht unterſchrieben. Den Grund dieſer auffälligen Tatſache, die erſt 1864 bemerkt wurde, kennen wir noch nicht.

94. Galilei mußte die (italieniſche) Abſchwörungsformel kniend verleſen, wie es bei Jnquiſitionsprozeſſen üblich war. Die Phantaſie hat den ganzen Akt ſtark ausgeſchmückt. „Bußhemd", „brennende Kerzen" und dergleichen gehören in das Reich der Fabel. — „Und ſie bewegt ſich doch!" (E pur si muove!) hat Galilei bei dieſer Gelegenheit ſicherlich nicht geſagt. Die Fabel des Ausſpruches läßt ſich nur bis zum Jahre 1774 rückwärts verfolgen!

95. Nach der Verurteilung wurde die Gefängnisſtrafe durch den Papſt in Verbannung umgewandelt. Galilei verbrachte daher die letzten Jahre — ſeit Ende 1637 völlig erblindet — in einer Villa zu Arcetri bei Florenz. Dort ſtarb er am 8. Januar 1642.

96. Peter Gaſſendi (eigentlich Pierre Gaſſend; 1592—1655) war ein eifriger Anhänger von Kopernikus und Galilei. Er zeigte u. a., daß Steine auf einem fahrenden Schiffe parallel zum Maſte fallen, da ſie auch die Vorwärtsbewegung des Schiffes beſitzen.

97. Durch dieſe Feſtſtellungen ſchied die Deklinationsbewegung endgültig aus der Lehre des Kopernikus aus.

98. Der Jeſuitenpater Riccioli (1598—1671), der als Lehrer der Aſtronomie zu Bologna ſtarb, war der beachtenswerteſte Gegner Galileis, da er über ein umfaſſendes Wiſſen verfügte und auch ſelbſt experimentierte. In ſeinem „Neuen Almageſt", einem ſehr umfangreichen Werke, verſuchte er u. a. den Sturz des kopernikaniſchen Syſtems durch 77 Einwände, die faſt alle darauf hinauslaufen, daß fallende, ſchwebende und geworfene Körper bei bewegter Erde eine weſtliche Ablenkung zeigen müßten.

99. Petrus de Alliaco (Pierre d'Ailly; 1380 bis 1452) hat mit ſeinem „Weltbild" die nautiſchen Projekte von Kolumbus wohl am meiſten beeinflußt.

100. Siehe früher bei Anm. 84.

101. Der Philoſoph Immanuel Kant (1724—1804) legte in der „Allgemeinen Naturgeſchichte und Theorie des Himmels" ſeine Anſicht über die Entſtehung der Glieder unſeres Sonnenſyſtems dar, worauf wir jedoch nicht einzugehen haben. Das mitgeteilte Stück der aſtronomiſchen Einleitung iſt gewählt, um die Bedeutung der Geſetze von Kepler und Newton zu zeigen.

102. Joh. Friedr. Benzenberg (1777—1846) war einige Jahre Profeſſor für Mathematik und Phyſik am Lyzeum zu Düſſeldorf und widmete ſich dann als Privatmann ſeinen wiſſenſchaftlichen Neigungen.

103. Man ſehe oben die Anm. 96 bei Gaſſendi.

104. Jſaak Newton (1642—1727), der eigentliche Begründer der theoretiſchen Phyſik, behauptete, ein freifallender Körper müſſe öſtlich vorauseilen, weil er vor dem Falle eine größere Rotationsgeſchwindigkeit beſitze als der nur einen kleineren Kreisbogen beſchreibende Boden. Robert Hooke (1635—1703)

95

konnte dies bei Versuchen, zu denen er beauftragt war, wegen zu geringer Fallhöhe nicht bestätigen.

105. G. B. Guglielmini (gest. 1817) war Professor für Mathematik und Astronomie an der Universität zu Bologna.

106. An diesem Turme hatte auch Riccioli Fallversuche angestellt.

107. Der Turm der Michaeliskirche zu Hamburg — im Bau beendet 1780; abgebrannt 3. Juli 1906 — bot durch passend angeordnete Falltüren einen für solche Versuche sehr geeigneten Schacht.

108. Gemeint ist der Kohlenschacht zur alten Roßkunst zu Schlebusch in der Grafschaft Mark.

109. Durch derartige Versuche war die tägliche Rotation der Erde experimentell bewiesen.

110. Entsprechend einem Beschlusse der Inderkongregation (vom 10. Mai 1757) fehlt in der Inderausgabe von 1758 das bisherige allgemeine Verbot „aller Bücher, die die Beweglichkeit der Erde und die Unbeweglichkeit der Sonne lehren". Die anderen im besonderen verbotenen Bücher (damit auch Galileis Dialog) blieben aber auf dem Inder. Im Jahre 1820 versagte man dem Kanonikus G. Settele (gest. 1841) die Druckerlaubnis für seine „Elemente der Optik und Astronomie", da er die Lehre des Kopernikus nicht als Hypothese vortrug. Auf seine Beschwerde hin erlaubte das h. Offizium den ungeänderten Abdruck des Buches, doch erhielt dieses im zweiten Bande die mitgeteilte Anmerkung, die den Pater Olivieri, den Kommissar des h. Offiziums, zum Verfasser hatte.

111. Trotzdem blieb damals die Verurteilung des Systems usw. bestehen!

112. Nach einem Beschluß der Kardinäle der Inquisition (vom 11. September 1822), dem Pius VII. am 25. September 1822 die Bestätigung gab, wurde für Rom die Druckerlaubnis für alle Werke erteilt, „in welchen von der Beweglichkeit der Erde und der Unbeweglichkeit der Sonne nach der allgemeinen Ansicht der modernen Astronomen geredet werde". Die folgende Inderausgabe — es ist die vom Jahre 1835 — enthält das Verbot der Bücher von Kopernikus, Foscarini, Galilei und Kepler nicht mehr.

113. Friedrich Wilhelm Bessel (1784—1846) beschäftigte sich schon als Handlungslehrling eingehend mit Astronomie und Mathematik und wurde — erst 26jährig — Direktor der Sternwarte zu Königsberg und Professor der Astronomie an der dortigen Universität.

114. Eine Strecke erscheint in einer Entfernung, die dem 206 265fachen der Strecke gleichkommt, unter einem Winkel von einer Sekunde. Die andern Zahlen ergeben sich daraus, daß 60 Sekunden eine Minute und 60 Minuten einen Grad ausmachen.

115. Derjenige Winkel, unter dem man von einem Himmelskörper aus, den Halbmesser der Erdbahn sieht, wird die „jährliche Parallaxe" des betreffenden Himmelskörpers genannt.

Namenverzeichnis.

Sachverzeichnis.

Voigtländers Quellenbücher

(Anzeige von Band 1—12 vor dem Titel)

13 **Vulkanausbrüche in alter und neuer Zeit.** Nach den Berichten von Augenzeugen herausgegeben von Oberlehrer Paul Schneider. 94 Seiten .... M. —.70 — 84 hell, 95 cts., 42 kop.

Vesuv im Jahre 79 und 1794, Gelungung 1822, Tembaro 1815, Krakatau 1883, Mont Pelée 1902, Jorullo 1759, Feuersee auf Hawaii, Erguß am Staptargletscher auf Island 1783, Die Geiser auf Island, Der See Rotohama auf Neuseeland.

14 **Friedrich Hoffmann über das Kohlenoxydgas** und die Gegenschrift von Andreas Erdmann: „Wie nicht Kohlenoxydgas, sondern der Teufel den Tod etlicher Menschen herbeigeführt". Herausgegeben von Dr. Albert Neuburger. 63 Seiten M. —.50 — 60 hell., 70 cts., 30 kop.

Was vor Friedrich Hoffmann über die Gefährlichkeit der Kohlendämpfe bekannt war, ist verhältnismäßig wenig. Erst recht spät gelang es, und zwar in erster Linie durch Hoffmanns Forschungen, das Kohlenoxyd richtig zu erkennen und seine Gefahren zu vermeiden. Der Streit mit den Vertretern der Theologie hat damals der bedeutsamen Abhandlung Hoffmanns in weiteren Kreisen Beachtung verschafft, als dies sonst vielleicht der Fall gewesen wäre. Die Erdmannsche Gegenschrift wird hier mit abgedruckt, und auf diese Weise ergibt sich ein richtiges Bild der Entwicklung, das die Bedeutung Hoffmanns für diesen Zweig unseres Wissens in vollem Lichte erkennen läßt.

15 **Antike Quellen zur Geschichte der Germanen.** Zusammengestellt, übersetzt und erläutert von Dr. Curt Woyte. Erster Teil: Von den Anfängen bis zur Niederlage der Cimbern und Teutonen. 83 Seiten .... M. —.70 — 84 hell., 95 cts, 42 kop.

Geographie und Völkerverteilung, Urwälder, Bernstein (Strabo, Plinius, Tacitus, Cäsar). Cimbern und Teutonen (Vellejus, Paterculus, Strabo, Appian, Orosius, Plutarch, Florus).

16 **Deutschlands Einigungskriege 1864—1871** in Briefen und Berichten der führenden Männer. Herausgegeben von Horst Kohl, Dritter Teil: Der Deutsch-Französische Krieg 1870/71. I. Abteil.: Bis zur Schlacht bei Sedan. 165 Seiten ..... M. 1.20 — 1 Kr. 44 hell., 1 Fr. 60 cts., 72 kop.

Vgl. die Bemerkungen zu Band 9 und 10.

17 **Aus dem Leben vornehmer Ägypter.** Von ihnen selbst erzählt. Herausgegeben von Dr. Günther Roeder, Privatdozent an der Universität Breslau. 116 Seiten mit 16 Bildnissen nach Statuen, Reliefs und Malereien .... M. 1.— — 1 Kr. 20 hell., 1 Fr. 35 cts., 60 kop.

In den Worten der im alten Ägypten üblich gewesenen langen Grabinschriften werden die Selbstbiographien ägyptischer Gaufürsten, königlicher Beamten, der Offiziere der großen Eroberer, von Priestern und Richtern gegeben: ein wundervoller Blick in eine aus Trümmern für unsere Augen wiedererstandene Zeit.

18 **Ritter Grünembergs Pilgerfahrt ins Heilige Land 1486.** Herausgegeben und übersetzt von Johann Goldfriedrich und Walter Fränzel. 139 Seiten mit 24 Nachbildungen der Handzeichnungen Grünembergs .... M. 1.20 — 1 Kr. 44 hell., 1 Fr. 60 cts., 72 kop.

Der Ritter Konrad von Grünemberg aus Konstanz hat zu den vielen Tausenden gehört, die eine Pilgerfahrt ins Heilige Land unternommen haben. Sie fiel ins Jahr 1486 und ist für diese Fahrten, die als mittelalterliche Gesellschaftsreisen gelten können, typisch, sehr anschaulich erzählt und durch die beigegebenen eigenhändigen Zeichnungen Grünembergs noch anschaulicher gemacht.

Umrechnung der Mark-Preise in die im österr.-ungar., schweizer. u. deutsch-russ. Buchhandel übl. Sätze am Rand. In England u. Kolonien 1 Mark = 1 Schilling mit ortsübl. Zuschlägen.

❊ Voigtländers Quellenbücher ❊

Umrechnung der Mark-Preise in die im österr.-ungar.,schweizer.- u. deutsch-russ. Buchhandel übl. Sätze am Rand. In England u. Kolonien 1 Mark = 1 Schilling mit ortsübl. Zuschlägen.

Voigtländers Quellenbücher

27 **Der belg. Aufruhr unter der Regierung Josephs II.** (1789—1790). Aus Georg Forsters „Ansichten vom Niederrhein". Herausgegeben und mit Einleitung und Anmerkungen versehen von Dr. Georg Lorenz. 76 Seiten. M. —.70

84 hell. 95 cts. 42 kop.

Der belgische Aufruhr bildet ein Vorspiel der französischen Revolution; nur ist es keine demokratische Auflehnung, sondern eine des Adels und der Geistlichkeit gegen die Reformen Josephs II.

28 **Der diluviale Mensch und seine Zeitgenossen aus dem Tierreiche.** Von Dr. Karl Hermann Jacob. 80 Seiten mit 3 Kartenskizzen u. 47 Abbildungen ..... M. —.90

1 Kr. 08 hell. 1 Fr. 20 cts. 54 kop.

Entwicklungsgeschichte der Erde, Urmensch, Tierwelt der Eiszeiten, die ältesten Menschenrassen, der Diluvialmensch — in quellenmäßigen Abbildungen mit verbindendem und erläuterndem Text.

29 **Erinnerungen aus den Jahren 1813 und 1814.** Von Karl von Raumer. Herausgegeben und eingeleitet von Karl Linnebach. 106 Seiten .... M. —.90

1 Kr. 08 hell. 1 Fr. 20 cts. 54 kop.

Raumer, seit 1811 Professor in Breslau, zog 1813 freiwillig als Offizier mit in den Freiheitskampf, machte den Feldzug mit, zum Teil im Blücherschen Hauptquartier, und schilderte seine Erlebnisse in seiner Selbstbiographie, aus der sie hier entnommen sind.

30 **Die Entdeckung der Krankheitserreger.** Herausgegeben von Professor Dr. J. Grober. 118 Seiten M. —.90

1 Kr. 08 hell. 1 Fr. 20 cts. 54 kop.

Berichte über die Pest, von Thukydides an, und die Nachrichten über die allmähliche Entdeckung der Krankheitserreger (Bakterien) überhaupt, bis zu Robert Koch.

31 **Geographie des Erdkreises.** Von Pomponius Mela. Aus dem Lateinischen übersetzt und erläutert von Dr. Hans Philipp, Assistent des Seminars für historische Geographie .n Berl.n. Zweiter Teil: Ozeanländer. 66 Seiten. Mit 2 Abbildungen M. —.70

84 hell. 95 cts. 42 kop.

Teil I. Mittelmeerländer: Band 11.

32 **Aus der Entdeckungsgeschichte der lebendigen Substanz.** Herausgegeben von Dr: Gottfried Brückner. 64 Seiten mit 18 Abbildungen und 3 Bildnissen ...... M. —.60

72 hell. 80 cts. 36 kop.

Die Entwicklung der Zellenlehre in Darstellungen von R. Hooke, Bonaventura Corti, L. C. Treviranus, R. Brown, J. Schleiden, Th. Schwann, H. Mohl, C. Nägeli, M. Schultze, E. Brücke.

33 **Aus deutschen Rechtsbüchern** (Sachsenspiegel, Schwabenspiegel, Kleines Kaiserrecht, Ruprecht von Freysing). Herausgegeben von Dr. Hans Fehr, Professor an der Universität Halle. 88 Seiteu mit 4 Abbildungen.................... M. —.70

84 hell. 95 cts. 42 kop.

Aus dem Inhalt: Weltliches und geistliches Recht, Lehnrecht, Königtum, Richter, Schöffen, Gottesurteile, Strafen, Schutz der Frauen und Kinder, Stellung der Juden, die Tiere im Recht.

34 **Der Kampf Heinrichs IV. und Gregors VII.** Herausgegeben von Dr. Fritz Schillmann. 118 Seiten.. M. 1.—

1 Kr. 20 hell. 1 Fr. 25 cts. 60 kop.

Aus dem Inhalt: Grundsätze Gregors. Ausbruch des Kampfes. Bannfluch gegen Heinrich. Die deutschen Fürsten. Canossa. Herzog Rudolf Gegenkönig. Die zweite Bannung Heinrichs usw.

[U]mrechnung der Mark-Preise in die im österr.-ungar., schweizer. u. deutsch-russ. Buchhandel [ü]bl. Sätze am Rande. In England u. Kolonien 1 Mark = 1 Schilling mit ortsübl. Zuschlägen.

❋ Voigtländers Quellenbücher ❋

Umrechnung der Mark-Preise in die im österr.-ungar., schweizer. u. deutsch-russ. Buchhandel übl. Sätze am Rande. In England u. Kolonien 1 Mark = 1 Schilling mit ortsübl. Zuschlägen.

❈ Voigtländers Quellenbücher ❈

44 **Gottesurteile.** Von Dr. jur. Heinr. Glitsch, Privatdozent in Leipzig. 63 Seiten mit 7 Abbildungen . . . . M. —.60
Aus dem Inhalt: Feuerprobe, Wasserprobe, Probe des geweihten Bissens, Abend-
mahlsprobe, Bahrrecht, Kotwasserordal der Neger, Bitterwasserordal der Juden,
Zweikampf zwischen Mann und Weib, Kreuzprobe.

72 hell.
80 cts.
36 kop.

45 **Die Entdeckung des Generationswechsels in der Tierwelt.** Herausgegeben, mit einer Einleitung sowie mit erläuternden Anmerkungen versehen, von Prof. Dr. Friedr. Klengel in Leipzig. Mit 6 Tafeln und 42 Textabbildungen . . . . M. 1.—
Quellenstücke aus den Werken von Ad. v. Chamisso, J. F. Meyen, F. Eschricht,
J. J. Steenstrup, M. Sars, Rud. Leuckart.

1 Kr. 20 hell.
1 Fr. 35 cts.
60 kop.

46 **Blüchers Zug von Auerstedt bis Ratkau u. Lübecks Schreckenstage (1806).** Quellenberichte, zusammengestellt von Horst Kohl. 100 Seiten mit 3 Karten . . . . M. —.80
Quellen, zum Teil vorher noch ungedruckte, über den berühmten Rückzug Blüchers,
die Kämpfe in den Straßen Lübecks und das Benehmen der Franzosen als
Sieger in deutschen Landen.

96 hell.
1 Fr. 10 cts.
48 kop.

Demnächst werden erscheinen:

Ulr. v. Richentals Chronik des Konzils zu Konstanz 1414—18. Herausgegeben von Dr. Otto Brandt in Dresden.

Ein kriegerischer Kaufmannszug in Mexiko 1871. Aus den hinterlassenen Papieren des Vizekonsuls für Mexiko Wilmanns.

Die Dampfmaschine, eine entwicklungsgeschichtliche Darstellung (in Bildern). Herausgegeben von Dr. Albert Neuburger in Berlin.

Prokopios, Der Gotenkrieg. Herausgegeben von Dr. Albrecht Keller in Wiesbaden.

Auswahl von Briefen der Herzogin Elisabeth Charlotte von Orleans (Liselotte). Herausgegeb. von Dr. Hermann Bräuning-Oktavio in Leipzig.

Die Schlacht bei Fehrbellin in Berichten und Briefen der Zeit-
genossen. Herausgegeben von Dr. M. Klinkenborg, Archivar am Kgl. Geh. Staatsarchiv in Berlin.

Aus den italienischen Unabhängigkeitskriegen 1848-1866. Berichte und Briefe der Führer und Teilnehmer. Herausgegeben von Geh. Archivrat D. Dr. Walter Friedensburg in Stettin.

Lebenserinnerungen des Dr. med. C. H. A. Pagenstecher. 3 Bändchen. 1. Student und Burschenschafter in Heidelberg. 2. Vom ersten deutschen Parlament in der Paulskirche zu Frankfurt. 3. Die Revolutionszeit 1849 in den Rheinlanden.

Antike Quellen zur Geschichte der Germanen. Von Dr. Curt Woyte. Zweiter Teil: Von den Kämpfen Cäsars bis zur Schlacht im Teutoburger Walde (Teil I s. Bd. 15).

Felix Platter. Jugenderinnerungen eines deutschen Arztes im 16. Jahrhundert. Herausgegeben von Horst Kohl.

❋ Voigtländers Quellenbücher ❋

In Vorbereitung befindlich:

Deutschlands Einigungskriege 1864—1871 in Briefen und Berichten der führenden Männer. Herausgegeben von Horst Kohl. Band 4—6: Der Deutsch-Französische Krieg 1870/71 (Kämpfe gegen die Republik). Kriege 1864, 1866 und 1870/71 I. siehe Nr. 9, 10 und 16.

Vom deutschen Handelsleben im 16. Jahrhundert. Herausgegeben von Dr. Rudolf Häpke in Wilmersdorf.

Ausgewählte Briefe von Jean Francois Millet. Herausgegeben von Dr. Hans Wolff in Leipzig.

Griechische Architektur (Bilderheft). Herausgegeben von Dr. Heinrich Lattermann in Berlin.

Römische Architektur (Bilderheft). Herausgegeben von demselben.

Aus den Bauernkriegen. Herausgegeben von Dr. Hermann Barge, Professor am Petri-Realgymnasium, Leipzig.

Deutsches Bauernrecht. (Aus den Weistümern.) Herausgegeben von Dr. Hans Fehr, Professor an der Universität Halle a. S.

Die vorgeschichtlichen Perioden in ihren Leitformen. Von Dr. K. H. Jacob, Assist. am Museum f. Völkerkunde, Leipzig.

Die Entstehung der schweizerischen Eidgenossenschaft. Von Dr. Ernst Gagliardi, Privatdozent an der Universität Zürich.

Ägyptische Königsinschriften. Herausgegeben von Dr. Günther Roeder, Privatdozent an der Universität Breslau.

Die Entzifferung der Hieroglyphen. Von demselben.

Karl der Große. Seine Persönlichkeit und seine Taten in Urkunden und zeitgenössischen Schilderungen. Von Dr. Wilhelm Wendland, Oberlehrer am Arndt-Gymnasium in Berlin-Dahlem.

Der Schmalkaldische Krieg. Herausgegeben von Dr. O. A. Hecker, Privatdozent an der Technischen Hochschule in Dresden.

Der Kampf zwischen Moritz von Sachsen und Karl V. Von demselben.

Die Bekehrung der Germanen zum Christentum. Von Professor Theodor Hänlein in Wertheim a. M.

❊ Voigtländers Quellenbücher ❊

Aus Geber's (Abu Abdallah Dshakar ibn Muhammed) „Summa" und über die Anfänge der Chemie. Herausgegeben von Prof. Dr. Walther Schmidt, Rektor des Schiller-Realgymnasiums in Leipzig.

Aus dem Klosterleben. Herausgegeben von Dr. Friedrich Schulze in Leipzig.

Das Reichsheer im Siebenjährigen Kriege. Herausgegeben von Archivrat Dr. Artur Brabant in Dresden.

Sturm und Drang. Herausgegeben von Gymn.-Oberlehrer Dr. Karl Credner in Brandenburg a. H.

Erlasse und Briefe des Königs Friedrich Wilhelm I. von Preußen. Herausgegeben von Wilhelm Moritz Pantenius in Marburg.

Griechische Privatbriefe aus ägyptischen Papyri. Herausgegeben von Dr. Julius Erich Schröter in Leipzig.

Ausgewählte Briefe von W. A. Mozart. Herausgegeben von Dr. Ludwig Schiedermair, Privatdozent an der Universität Bonn.

Luther vor dem Reichstag in Worms. Herausgegeben von Dr. Johannes Kühn in Leipzig.

Urkunden des Jesuitenordens. Von Dr. Alfred Miller in Bonn.

Goethes Rom in 50 Abbildungen nach Stichen von Giambattista Piranesi. (1720—1778.) Herausgegeben von Dr. Otto Th. Schulz, Privatdozent a. d. Univ. Leipzig.

Georg Agricola (1490—1555) **über den Bergbau.** Herausgegeben von Dr. Albert Neuburger in Berlin.

Georg Simon Ohm (1787—1854), **die galvanische Kette** mathematisch betrachtet (das sog. Ohmsche Gesetz). Herausgegeben von demselben.

Justus Freiherr von Liebig (1803—1873), **Abhandlungen.** Herausgegeben von demselben (in mehreren Bändchen).

Aus den Frühlingstagen der deutschen Reformation. Herausgegeben von Professor Dr. Otto Clemen in Zwickau.

Friedr. Myconius, Geschichte der Reformation. Herausgegeben von demselben.

Die Demagogenverfolgung 1819—23. Herausgegeben von Dr. Robert Geerds in Leipzig.

❈ Voigtländers Quellenbücher ❈

A. Moritzi, Réflexions sur l'espèce. Überſetzt u. herausgegeben von Hans Rudolf Schinz in Zürich.

Zoologie zu Linnés Zeit nach Swammerdams „Bibel der Natur." (Wiedergabe der 53 Kupfertafeln dieſes ſeltenen Werkes). Herausgegeben von Dr. Georg Stehli in Stuttgart.

Mittelalterliches Gerichtsverfahren. Herausgegeben von Dr. Hans Planitz, a. o. Profeſſor an der Univerſität Leipzig.

William Gilbert (1540—1603) über Erdmagnetismus. Überſetzt und bearbeitet von Dr. Boehm in Hamburg.

Die Magenverdauung in den Worten der Forſcher. Herausgegeben von Dr. med. Johannes Stübel in Jena.

Altrömiſches Rechtsleben. Von Dr. Leo Raape, a. o. Profeſſor an der Univerſität in Halle.

Theologia deutſch. Herausgegeben von Konſiſtorialrat D. Ferd. Cohrs in Jlfeld.

Der ſchwarze Tod (die Peſt). Herausgegeben von Dr. med. Chriſtoph Ferckel in Leipzig.

Adam Reißner, Hiſtoria von Georg und Kaſpar von Frundsberg 1672. Herausg. von Dr. Karl Schottenloher in München.

Die Entdeckung der Elektrizität und ihrer hauptſächlichſten Wirkungen. Herausgegeben von Dr. Friedrich Dannemann, Direktor der Realſchule in Barmen.

Über die Lebenskraft. Von Profeſſor Alfred Noll in Jena.

Antike Quellen zur Geſchichte der Germanen. Von Dr. Curt Woyte. Dritter Teil: Von den Kämpfen des Germanikus bis zum Aufſtand der Bataver. (Teil I ſ. Bd. 15.)

✳ Voigtländers Quellenbücher ✳

Leitgedanken

In steigendem Maße macht sich auf allen Gebieten des Wissens das Bedürfnis geltend, **unmittelbar aus den Quellen** zu schöpfen. Und zwar besteht dieses Bedürfnis nicht nur im ernsten Fachstudium, sondern auch im **Unterrichtsbetrieb von Schulen aller Art** und für die vielen, die **Befriedigung ihres Wissenstriebes** oder auch nur eine gediegene Unterhaltung suchen.

Nun ist es für die meisten gar nicht leicht, zu den Quellen zu gelangen. Quellenwerke sind schwer zugänglich, umfangreich, teuer, zum Teil in fremder Sprache oder in veraltetem, der Erklärung bedürftigem Deutsch geschrieben. Zwar sind manche Quellen literarisch neu erschlossen worden, aber meist nur zu wissenschaftlichen Zwecken und zu Preisen, welche die allgemeine Verbreitung verhindern. **Wohlfeile Quellenbücher als volkstümliches Gemeingut** und doch in **wissenschaftlich-kritischer Bearbeitung** gibt es noch kaum.

In diese Lücke treten Voigtländers „Quellenbücher" ein.

Einige B e i s p i e l e werden ihr Wesen am besten erläutern.

Jeder weiß, daß von den Kreuzzügen an bis ins späte Mittelalter hinein unzählige Pilger ins heilige Land fuhren. Die „Quellenbücher" aber bringen eine einzelne **Pilgerreise**, die des Ritters **Konrad Grünemberg**, von ihm selbst erzählt; die Übertragung in ein heute ohne weiteres verständliches Deutsch wahrt getreu den Ton, und die Beigabe von 24 der schönen und genauen Handzeichnungen Grünembergs erhöht den Wert. Welche Fülle der Kenntnisse, der Bilder, des Humors, der überraschendsten Vergleichspunkte mit unserer Gegenwart — die Organisation jener Reisen in der Art unserer Gesellschaftsreisen (nur nicht so bequem und gefahrlos!), die Fremdenindustrie im heiligen Lande und dergleichen. Wenn man so auch nur eine einzige solche Reise miterlebt, ist diese dennoch typisch für ihre Zeit.

Jeder weiß von **Byzanz** und spricht von **Byzantinismus**. Die „Quellenbücher" lassen den Leser das **byzantinische Hofleben** aus den dafür bezeichnenden Quellen selbst kennen lernen.

Jeder weiß, daß in den Jahren 1835 und 1839 die **Eisenbahnen Nürnberg—Fürth** und **Leipzig—Dresden** eröffnet worden sind. Aber unter welchen Zweifeln und Sorgen sie zustande kamen, und wie das große Kulturereignis von der Mitwelt aufgefaßt wurde, das erlebt man urkundgetreu in den „Quellenbüchern".

Jeder weiß, wie gewaltsam das **römische Juristenrecht** das alte **deutsche Volksrecht** verdrängt hat. Wie deutsches Recht vor seiner Überwältigung durch römisches aussah, das erfährt man in den „Quellenbüchern" in dem Bändchen **„Deutsches Bauernrecht"** u. a.

❋ Voigtländers Quellenbücher ❋

Statt des Abgeleiteten also die **Quelle**; statt des Begriffes die **An-schauung**; statt einer Information von dritter Seite **eigenes Gewinnen** und so tieferer Gewinn; statt der auf breiter **Oberfläche** erscheinenden Kenntnisse und Begriffe ein **Hinabsteigen** an **wenigen, aber bezeichnen-den** Punkten in den Schacht der Quellen und in neu gewonnene Tiefen.

Das alles einerseits auf der Grundlage **strenger kritischer Auswahl und Erläuterung**, getroffen und geboten von **Fachmännern** und vom **neuesten Standpunkte der betreffenden** Forschung aus; das alles andererseits in einer Auswahl und in einer Form, die die Lektüre für **jeden zu einer angenehmen Unterhaltung** macht.

Grundsätzlich sucht die Sammlung nur **wirkliche Quellen** zu bringen: **Urkunden, Literatur-Denkmäler** oder **Monumente.** Sache der Herausgeber aber war es und wird es sein, das Wichtige und Bezeichnende auszuwählen, es durch Einleitungen, Überleitungen, Anmerkungen usw. ins rechte Licht zu setzen und verständlich zu machen, denn das Lesen von Quellen setzt Vorarbeit voraus, die der Heraus-geber dem Leser abzunehmen hat. — Zuweilen muß aber auch die **quellenmäßige Darstellung** an Stelle der Quellen treten, nämlich wenn diese so zerstreut oder trocken sind (z. B. Stadtrechnungen), daß sie im Original wenig genießbar sind. — Bestehen die Quellen gar aus „Monumenten", besitzen wir also nur bildliche Überlieferungen, Fundstücke oder Bauten, die mehr oder minder erhalten noch heute vor unseren Augen stehen, dann nehmen die „Quellenbücher" das **Bild** zur Grundlage und erläutern es durch den beigegebenen Text, auch wenn dieser der Form nach den eigentlichen Aufbau bildet.

Inhaltlich erstreckt sich das Unternehmen auf alle nur möglichen Ge-biete und Stoffe, auf welche die geschilderten Formen der Darbietung anwendbar sind, namentlich auch auf die Naturwissenschaften.

Die Sammlung ist für **jedermann** bestimmt. Es gibt für jeden, er mag noch so hochgebildet sein, Wissensgebiete, in denen er entweder keine oder nur allgemeine und abgeleitete Kenntnisse hat und daher für eine unmittelbare Aufschließung klar und rein fließender Quellen empfänglich ist. Auf diese Weise wird es möglich, die Bedürfnisse verschiedenster Bildung und Lebensstellung und verschiedenen Alters zu befriedigen, auch die der Schule. Es kann keinen großen Unter-schied machen, ob der Leser eines solchen Quellenbüchleins ein junger einfacher Mensch oder ein gereifter, in anderen Fächern tief durch-gebildeter ist. Aber auch dem **Fachmann** werden so wohlfeile und dabei zuverlässige urkundliche Darbietungen aus dem eigenen Wissens-gebiete gute Dienste tun.

Daß die Bearbeitung der einzelnen Bändchen sicheren Händen anvertraut worden ist, wird eine Durchsicht des Titelverzeichnisses ergeben.

Voigtländers Kün

Was ist eine Künstlersteinzeichnung? Ein Bild, das in dem einzigen Dervielfältigungsverfahren hergestellt wird, dessen Ergebnis Original= gemälden vollständig gleichkommt.

Dies geht so zu: Der Künstler selbst zeichnet nach keinem Ent= wurfe, der für ihn gleichsam das Konzept bedeutet, Konturen und Farben auf die Steine, d. h. er legt für jeden Ton, den er dem Bilde geben will, eine Platte an und hat so die Möglichkeit, keinem Werke alle die Farbenwerte und Stimmungswerte zu verleihen, die er braucht. Er selbst leitet die ersten Probedrucke und überwacht den Druck; er bestimmt die Farben bis auf den kleinsten Unterton. Er allein, sonst niemand, hat Gewalt über kein Werk.

So wird es möglich, daß jeder Abzug einer Druckauflage zu ganz niedrigem Preise verkauft werden kann und doch das Urbild selbst ist. Die Frage, ob das Nachbild dem Vorbilde gleichwertig sei oder nicht, fällt ganz weg: es gibt in der Künstler=Steinzeichnung kein Vorbild, sondern nur ein Urbild, und das ist der in hunderten oder Tausenden von gleichen Abzügen gefertigte Druck. Das Mittel, den Künstler selbst unmittelbar sprechen zu lassen, ist durch das Verfahren der eigenhändigen Steinzeichnung in dem Steindruck=Gemälde vollkommen gefunden.

Die Künstler=Steinzeichnung ist von der größten Bedeutung für die künstlerische Volkskultur, für Verbreitung guten Geschmackes. Wer sich einmal hineingesehen hat in diese wichtige Art der graphi= schen Wandkunst, den hat sie gewonnen; er wird sich so leicht nicht wieder zu den früher gewohnten Süßlichkeiten und faden Plattheiten, zu einer gedankenarmen Reproduktions= und Scheinkunst zurückwenden.

Von R. Voigtländers Künstlersteinzeichnungen sind über 200 Blatt erschienen, und zwar

in Größe 100×70 cm M. **6.—** | in Größe 55×42 cm M. **4.—**
" " 75×55 " " **5.—** | " " 41×30 " " **2.50**

Außerdem umfaßt der Verlag noch

Farbdruckblätter in den Größen 34×22, 28×22, 22×22 zu M. 1.50, 1.25, 1.—.

Walther Casparis Märchenbilder in den Größen 46×22, 34×22, 22×22 zu M. **1.75, 1.50, 1.25.**

Gertrud Casparis Kinderfriese. 8 Blatt in der Größe 115×41 cm zu M. **4.50.** Die 6 Blatt: Hochzeitszug, Geburtstags= kuchen, Entenliese, Gesegnete Mahlzeit, Gesangverein, Eindringling auch in der Größe 80×30 cm zu je M. **2.—.**

Adolf von Menzel, Vier Wandbilder. Vergrößerungen nach Holzschnitten. In Größe 75×55 cm je M. **5.—.**

Ein kleines Heftchen über die Bilder auf Verlangen vom Verlag unberechnet. Der vollständige Prachtkatalog mit farbigen Wiedergaben der sämtlichen Stein= drucke kostet 40 Pf. u. ist gegen Einsendung dieses Betrages (auch in Marken aller Länder) von jeder Buchhandlung oder portofrei vom Verlag zu beziehen.